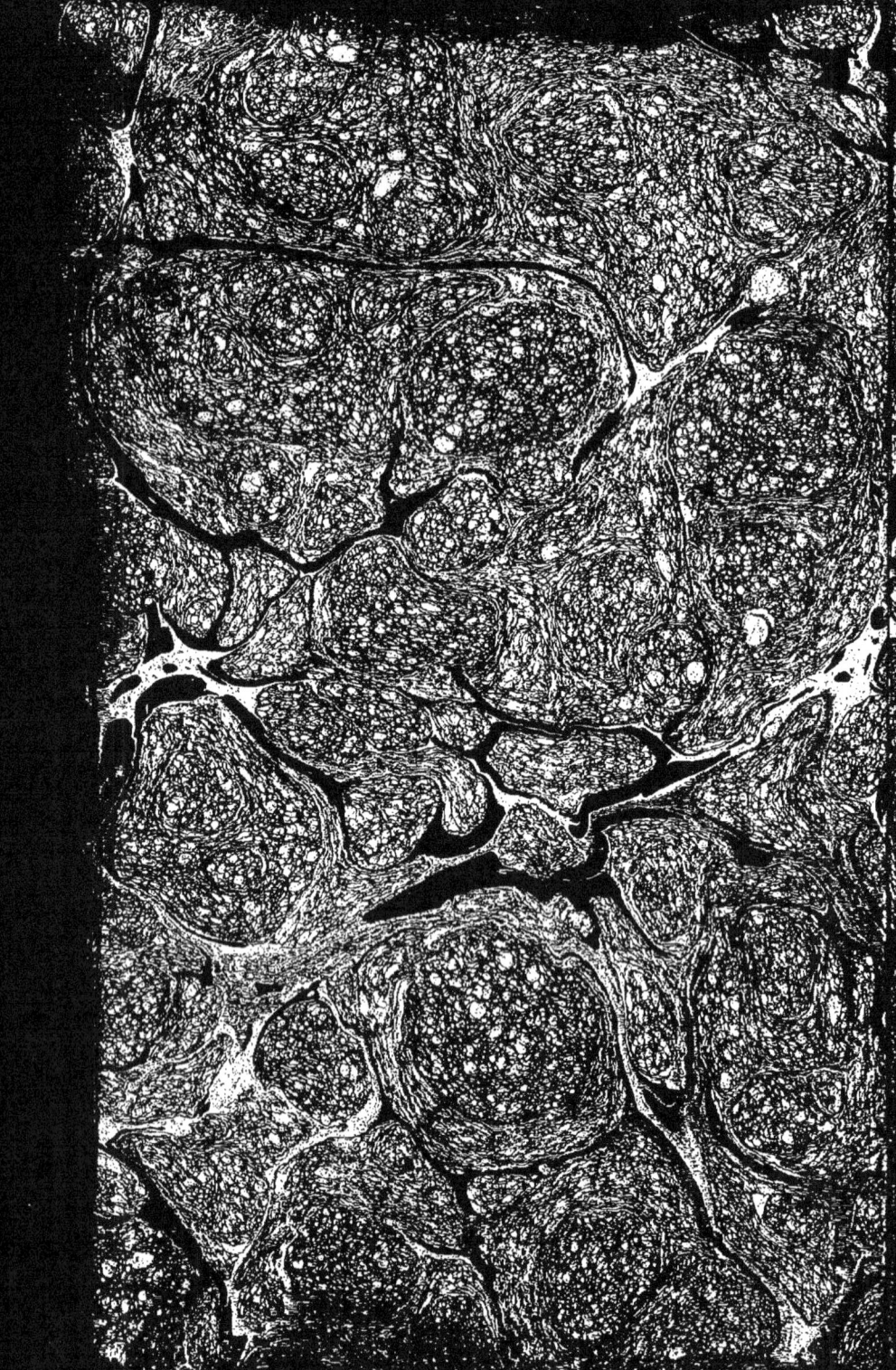

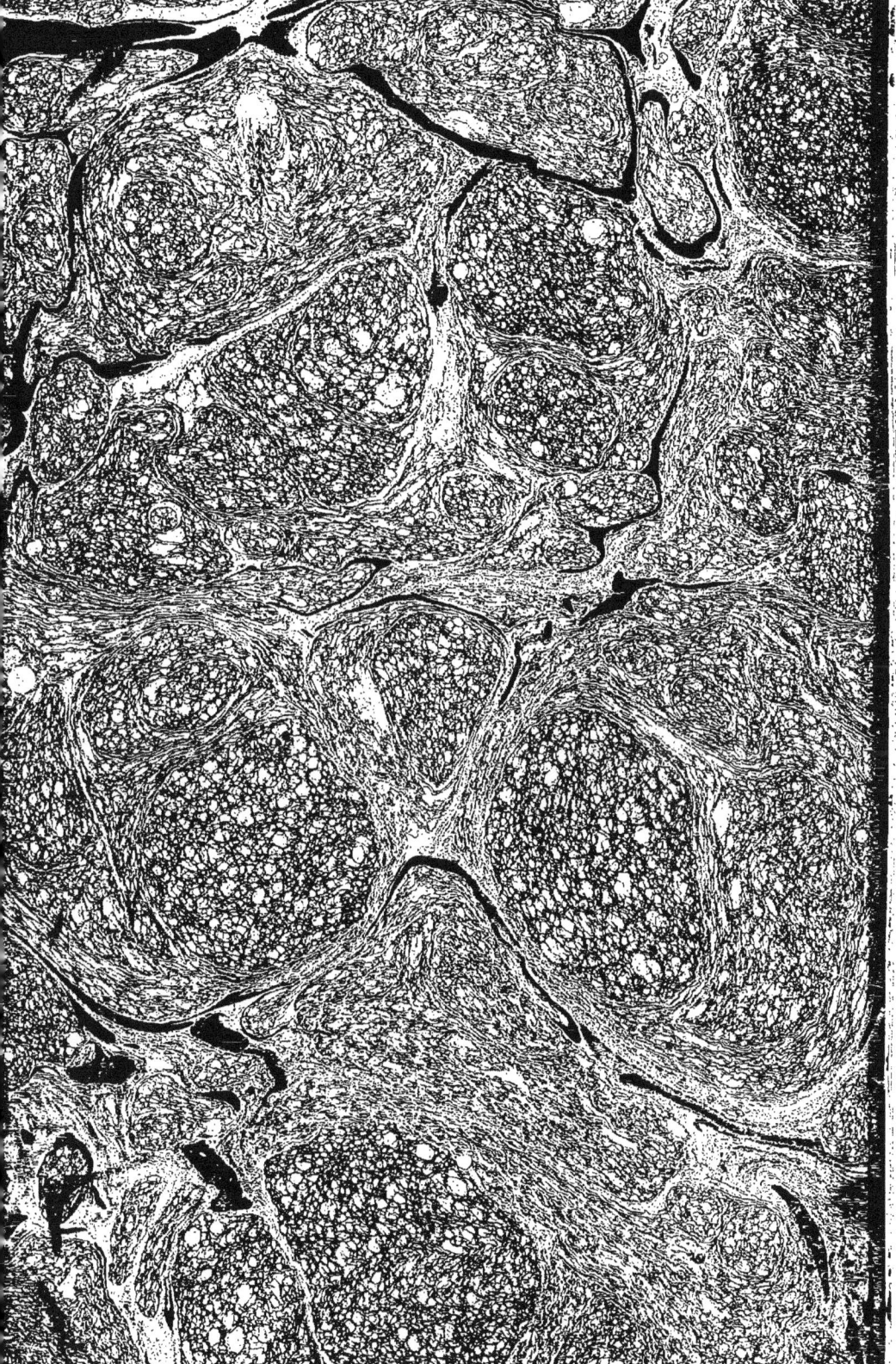

279. 1er.1
H.

ITINÉRAIRE DESCRIPTIF

OU

DESCRIPTION ROUTIÈRE,

GÉOGRAPHIQUE, HISTORIQUE ET PITTORESQUE

DE LA FRANCE ET DE L'ITALIE.

DE L'IMPRIMERIE DE LEFEBVRE.

ITINÉRAIRE DESCRIPTIF

OU

DESCRIPTION ROUTIÈRE,

GÉOGRAPHIQUE, HISTORIQUE ET PITTORESQUE

DE LA FRANCE ET DE L'ITALIE.

RÉGION DU SUD-OUEST.

ROUTES DE PARIS A BORDEAUX.

Par VAYSSE DE VILLIERS, Inspecteur des Postes, Associé-Correspondant des Académies de Dijon et de Turin, Membre de celle des Arcades de Rome.

Prix, 5 fr. avec la carte.

PARIS,

CHEZ POTEY, LIBRAIRE, RUE DU BAC, N°. 46.

1818.

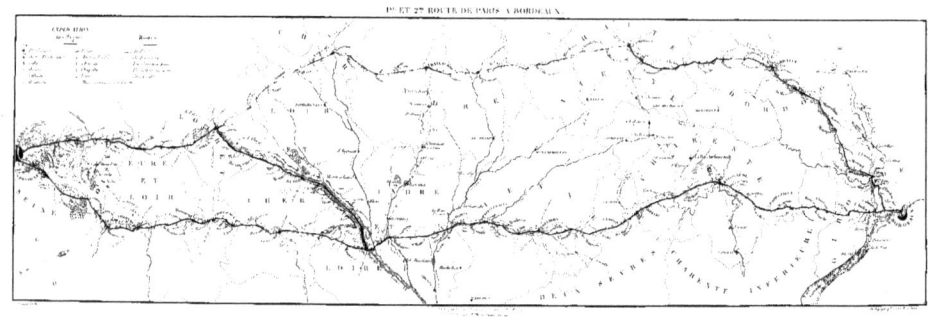

1re ET 2me ROUTE DE PARIS A BORDEAUX.

ITINÉRAIRE DESCRIPTIF,

OU

DESCRIPTION ROUTIÈRE,

GÉOGRAPHIQUE, HISTORIQUE ET PITTORESQUE

DE LA FRANCE ET DE L'ITALIE.

Ire. ROUTE DE PARIS A TOURS,

Par Orléans et Blois.

58 lieues et demie

	lieues.
§ 1er. *De Paris à Berny*............	3

ON sort ordinairement de Paris par la barrière d'Enfer, et quelquefois par celle du Maine, selon le quartier d'où l'on part. Les deux avenues se réunissent au bout d'un quart de lieue, dans le hameau du petit Mont-Rouge. Vers le milieu de cet intervalle, on longe à gauche une belle maison de retraite pour les vieillards. Son élégante construction la fait prendre pour un château ou une maison de plaisance. Le chemin qu'on voit, à la jonction des deux avenues, se diriger droit vers Châtillon et Fontenai-aux-Roses, est ce qu'on nomme la haute route de Versailles. Elle traverse, en deçà de Châtillon, une plaine de champs remplie de carrières, dont les exploitations verticales se font remarquer de loin par de nombreuses mécaniques à extraction, et au delà, une chaîne de collines boisées. Châtillon est un village de 7 à 800 habitans, qui renferme beaucoup de maisons de campagne. Fontenai-aux-Roses, qui ne renferme ni moins d'habitans ni moins de maisons de campagne, est renommé par ses nombreuses plantations de rosiers; c'est la culture et la richesse de ce village, comme c'était la culture et la richesse de l'antique *Pœstum*.

Biferique rosaria Pœsti.

Au commencement de la distance que nous parcourons, on distingue à droite Saint-Cloud et Meudon. A gauche comme à droite, règne une vaste plaine de champs tellement dépouillée d'arbres, qu'on n'y en voit d'autres que les ormes qui bordent la route, à moins de porter ses regards un peu loin. Un immense bâtiment se fait remarquer sur la gauche : c'est Bicêtre, célèbre hospice, dont nous parlons dans la 1re. section de cet ouvrage. (2e. *route de Paris à Lyon*, § 1er.)

Le village que la route longe à droite, au bout d'une demi-lieue, est le *grand Mont-Rouge*, peuplé de 1200 habitans. On laisse ensuite, à peu de distance sur la gauche, celui d'Arcueil, où les curieux peuvent voir, avec le bel aqueduc moderne qui conduit à Paris les eaux de Rungis, connues dans cette capitale sous le nom d'eaux d'Arcueil, un reste d'aqueduc antique, qui prouve que l'idée d'amener ces eaux à Paris n'est pas nouvelle. Le premier, construit en pierre de taille, par ordre de Marie de Médicis, sur les dessins de Jacques Debrosse, architecte du Luxembourg, est un de nos beaux monumens en ce genre. Celui qui l'a précédé, d'une construction fort inférieure, en brique, offre des restes bien conservés de la construction romaine. Sa maçonnerie est semblable à celle des aqueducs de Lyon, et peu différente de celle du *palais des Thermes*, dont on voit encore une voûte dans la maison n°. 63 de la rue de la Harpe, à Paris. Les eaux de l'aqueduc étaient sans doute destinées pour les Thermes ou bains de ce palais, bâti, dit-on, par l'empereur Julien, pendant son séjour dans la capitale des *Parisii* ; palais qu'il habitait, sans doute aussi, lorsqu'il fut proclamé empereur par son armée.

L'ancien et le moderne aqueduc traversent,

à Arcueil, la rivière de Bièvre, qui traverse elle-même ce village, rempli de maisons de plaisance, dont une, nommée le *Château*, renferme une filature. L'embranchement du chemin pavé qui mène à Arcueil est marqué par le hameau de la Croix d'Arcueil.

Bientôt après on laisse à droite un autre chemin pavé, qui conduit à Bagneux, village non moins remarquable par ses nombreuses maisons de campagne, que renommé par ses bons vins; c'est le petit et très-petit Bourgogne des environs de Paris. Le pays se varie de surface, ainsi que de culture, en s'embellissant de vignes, d'arbres et de coteaux. Un quart de lieue avant Berny, on traverse Bourg-la-Reine, qui est moins un bourg qu'un village. Peuplé de 8 à 900 habitans, il consiste dans une large rue, au milieu de laquelle la maison d'éducation de madame de Saint-Cyr s'est fait remarquer long-temps par une inscription pompeuse, aujourd'hui effacée, dans laquelle cette dame apprenait aux voyageurs que la muraille qui borde la route à gauche était celle de son enclos, ce qui les intéresse bien moins que de savoir que cette maison a été habitée par Henri IV. Cachée dans le fond de ce bel enclos, elle se dérobe aux regards des passans : il semble que le mystère soit entré dans l'intention du fondateur. On y montre dans une chambre l'alcôve du bon Henri, et dans une autre le chiffre de la belle Gabrielle. J'avoue cependant que le chiffre, l'alcôve, la chambre et la maison, ne me paraissent point, par leur style, remonter au siècle de Henri IV. Bourg-la-Reine possède deux manufactures de faïence et un bureau de poste.

Au bout de ce village on croise le chemin de Choisy à Sceaux. Choisy est un bourg situé à deux lieues sur la gauche; nous l'avons décrit dans la 1re. section de cet ouvrage (*Route de Paris à Lyon*, § 2).

Sceaux est un bourg, ou si l'on veut, une ville, située à un quart de lieue O.-S.-O. de Bourg-la-Reine, et peuplée de 14 à 1500 habitans. C'est le siége d'une des sous-préfectures de la Seine. Il y a une manufacture de faïence et un grand nombre de maisons de campagne, parmi lesquelles se distingue celle de M. de Clausel maire de la ville.

Une partie des jardins de l'ancien château qu'y possédait l'illustre maison de Penthièvre, a été achetée par feu M. Desgranges, alors maire de Sceaux, et autres propriétaires, pour une promenade publique. Elle est devenue charmante par les travaux qu'on y a faits, et fameuse chez les amateurs des plaisirs par le bal champêtre qui s'y donne tous les dimanches, pendant la belle saison. La salle du bal est une belle rotonde, en forme de vaste pavillon, dont la coupole est supportée par des colonnes à longs fuseaux et à jour, qui règnent dans tout le pourtour, au nombre de 24, placées à 8 toises de distance les unes des autres. J'y ai vu danser jusqu'à cinquante contredanses à la fois, avec un seul orchestre, rangé dans une tribune circulaire, autour du pilier central qui soutient la coupole. On s'y rend de Paris et de toutes les campagnes environnantes. Cette réunion nombreuse, qui admet tous les mélanges, ne laisse pas de produire souvent de brillantes sociétés.

Le château de Sceaux, vendu dans la révolution, a été démoli par l'acquéreur. Le parc réunissait tout ce que l'art et la nature ont de plus recherché ; il était surtout renommé par ses belles eaux : tout cela a disparu. Après avoir détruit la maison pour en vendre les matériaux, l'avide spéculateur a détruit le parc pour en vendre les arbres, et l'a converti en un vaste champ, au milieu duquel s'élèvent encore çà et là, sur leurs vieux piédestaux, quelques énormes statues, veuves en quelque sorte des embellissemens qui les accompagnaient, et qu'elles semblent réclamer encore; comme elles semblent aussi, par leur effet extraordinaire, au milieu de cette vaste nudité, accuser le vandalisme de leur nouveau propriétaire, et réclamer un soupir des passans.

Le chevalier de Florian a terminé ses derniers travaux et sa carrière à Sceaux, où il s'était réfugié, après avoir été chassé de Paris par la Convention.

Le fameux marché de Sceaux, destiné, comme celui de Poissy, à l'approvisionnement des boucheries de la Capitale, se tient tous les lundis dans une vaste cour attenante au parc du château, et ouverte sur la route que nous suivons. On en longe l'entrée au sortir de Bourg-la-Reine, ainsi que deux grands bâtimens, dont elle est comme flanquée. Ces deux bâtimens, ainsi que la cour du marché, paraissent bien plus faire partie de Bourg-la-Reine que de Sceaux. En face de cette entrée est un bel abreuvoir.

De là à Berny il n'y a qu'un quart de lieue, durant lequel on ne cesse de longer, à droite, le mur de l'ancien parc. On remarque sur le bord et l'autre côté de la route, un petit bâtiment carré, d'un style antique : c'est un tombeau de famille du notaire de Paris Boileau, et une faible imitation de l'usage des anciens, qui plaçaient ainsi leurs tombeaux au bord des routes. Du même côté, une jolie colline borne agréablement la vue à une très-petite distance. Deux villages assez apparens la couronnent, Laï, en face de Bourg-la-Reine, et le Frêne, en face de Berny, hameau dont le château, qui appartenait jadis à l'Abbaye de Saint-Germain-des-Prés, est en grande partie démoli.

A l'entrée de ce hameau, on croise la route de Versailles à Choisy. Elle ne traverse aucun village dans toute sa longueur, quelque voisine de Paris qu'elle soit. Seulement, du côté qui mène à Versailles, elle longe à droite, au bout d'une demi-lieue, le village de Chatenay, et laisse, à un quart de lieue à gauche, celui de Verrières, dont elle traverse bientôt la forêt, à son extrémité septentrionale. Ils sont tous les deux remplis de maisons de campagne. On remarque dans le premier celle de M. de Villaret, évêque de Cazal, et celle de madame de Boigne, épouse du général Savoisien de ce nom, qui a commandé les troupes de Tipoo-Saïb. Celle-ci, bien inférieure de style à la première, quoique plus considérable, ressemble moins à une maison de campagne qu'à une fabrique. Elles sont accompagnées l'une et l'autre d'un charmant jardin anglais. Un peu plus loin, du même côté, le hameau d'Aunay semble sortir du milieu d'un bouquet de verdure : tout y est paysage, tout y est jardins, bosquets et maisons de campagne : on y distingue celle de M. de Château-Giron. Le petit coteau boisé, frais et pittoresque qui domine Aunay, forme un délicieux rideau, qui n'a point d'égal aux environs de la Capitale, si j'en excepte celui de Marly.

La maison solitaire de M. le vicomte de Châteaubriant s'y cache derrière des masses de feuillage. L'entrée fait face à un bois si rapproché, qu'il a fallu en élaguer, et même en escarper une partie, pour pouvoir tourner les voitures. Le portail, construit depuis peu d'années, d'après le goût particulier de son nouveau propriétaire, ressemble à celui d'un de nos anciens châteaux : porte en ogive, tourelles, créneaux rien n'y manque. On croit aborder la demeure d'un damoisel ou d'un preux : on entre dans la retraite d'un sage selon les uns, d'un écrivain passionné, selon les autres, d'un des plus beaux esprits de notre siècle, selon tout le monde.

L'intérieur de cette maison, que j'ai parcourue d'un œil curieux, n'a rien laissé dans mon souvenir qu'un joli escalier en acajou. Un parc d'un sol aride, d'une physionomie sauvage et mélancolique, m'a fait une impression plus durable. L'aridité est toujours attristante ; mais ici elle est masquée par les arbres, qui, tout en décélant la mauvaise nature du sol par leur peu de vigueur, n'en forment pas moins de vastes berceaux de feuillage, sous lesquels on peut rêver à son aise dans cette espèce de désert, qui m'a paru, je ne sais pourquoi, ressembler moins au parc d'un château qu'à l'enclos d'une chartreuse. Cette solitude doit rappeller à son illustre propriétaire quelques-unes des contrées qu'il a visitées dans l'Amérique septentrionale. En s'y égarant, on rencontre un pavillon silencieux, dont le sévère et gothique aspect commande une sorte de recueillement. On est tenté de se figurer le damoisel du château venant rêver ici à la dame de ses pensées, ou lui jurer fidélité, ou lui prouver son amour. On entre : l'illusion cesse pour faire place à d'autres. Une bibliothèque, un cabinet de travail, une chapelle, tel est l'intérieur du pavillon. On ne saurait point chez qui l'on est, qu'on le devinerait presque à cette distribution, et plus encore à la composition de la bibliothèque. Nous avons inutilement cherché notre ouvrage dans ces rayons, consacrés à toute autre chose qu'aux sciences légères et faciles. Mais

Ire. ROUTE DE PARIS A TOURS.

M. de Châteaubriant nous mène trop loin : revenons prendre notre route au point où nous l'avons quittée.

§ 2. *De Berny à Lonjumeau*. . . . . lieues. 2

Le pays s'embellit de plus en plus. Au bout d'un quart de lieue on traverse Antoni, bourg de la même population et de la même apparence que Bourg-la-Reine ; il a également un bureau de poste, et en outre une belle manufacture de bougies, appartenant à M. Trudon. Peu après on franchit la petite rivière de Bièvre, qui a sa source dans le parc de Versailles, et son embouchure dans la Seine à Paris, où elle prend le nom de rivière des Gobelins; et peu après encore, la limite des départemens de la Seine et de Seine-et-Oise. On laisse ensuite à droite la route de Chartres par Orsay, et un peu plus loin à gauche, l'avenue du village et du château de Wissoux. Une seconde avenue qu'on voit du même côté, près de Longjumeau, conduit à Chilly, autre village avec beau château, bâti par Mazarin, et possédé aujourd'hui par la duchesse du même nom. On remarque dans ce dernier village des rues pavées et droites, dont l'une offre un alignement de cinq belles maisons de campagne ; et dans le château, une belle galerie, peinte par Vouet.

Longjumeau est un bourg de près de 2000 habitans, situé dans une agréable vallée, sur la petite rivière d'Yvète. Il a un bureau de poste, une assez bonne auberge, des tanneries considérables, une manufacture d'apprêt de laine de mérinos, un marché tous les mercredis et 4 foires par an, savoir, le mercredi de la Semaine sainte, le 24 juin, le 29 septembre et le 21 décembre. lieues.
— *Parcouru depuis Paris.* 5

§ 3. *De Longjumeau à Arpajon*. 3

Même nature de pays, ou plutôt de paysage. Au bout d'une demi-lieue, on laisse à 200 toises, sur la gauche, le château de Balainvilliers, réduit aujourd'hui à un simple pavillon. Il appartenait, lors de la révolution, à M Bernard de Balainvilliers, maître des requêtes : il a été vendu et revendu depuis.

A mi-chemin, on laisse, à pareille distance environ sur la gauche, celui de Villebousin, bâti par M. de Montgommery, et appartenant aujourd'hui à M. Chagot. Il est d'une ordonnance régulière, entouré de fossés, et précédé d'une grande cour, qui l'est elle-même d'une esplanade, à laquelle aboutit une avenue pavée, plantée d'arbres, et joignant la grande route.

Aux deux tiers de la distance, on laisse à gauche le joli château de M. Maillé, remarquable par son jardin anglais, que traversent les eaux de l'Orge. Il dépend du beau village de Longpont, renommé par sa fête de Notre-Dame de septembre. Bientôt après on longe, du même côté, le pied du mont isolé sur lequel est située la petite ville de Mont-Lhéry, dont la tour ruinée rappelle ces vers du *Lutrin* :

> Mais la nuit aussitôt de ses ailes affreuses
> Couvre des Bourguignons les campagnes vineuses,
> Revole vers Paris, et, hâtant son retour,
> Déjà de *Mont-Lhéry* voit la fameuse tour.
> Ses murs, dont le sommet se dérobe à la vue,
> Sur la cime d'un roc s'allongent dans la nue,
> Et, présentant de loin leur objet ennuyeux,
> Du passant qui les fuit semblent suivre les yeux.
> Mille oiseaux effrayans, mille corbeaux funèbres,
> De ces murs désertés habitent les ténèbres.
> Là, depuis trente hivers, un hibou retiré,
> Trouvait contre le jour un refuge assuré, etc.

Boileau ne pouvait mieux placer la patrie de son hibou. Il paraît que cette tour, délabrée depuis long-temps, était alors plus haute qu'aujourd'hui, où elle semble prête à tomber tout-à-fait en ruine. C'est un reste du château bâti en 1015 par le seigneur de Mont-Lhéry, Thibaud *File-Etoupe*, et rasé par l'ordre de Louis-le-Gros.

En 1465, pendant la guerre *du bien public*, le territoire de cette ville fut le théâtre d'une bataille sanglante, entre Louis XI et le comte de Charollais, qui, marchait à la tête des Bourguignons, et avait dans son parti le duc de Berri, frère du Roi. La place où s'est donnée cette bataille porte encore le nom de cimetière des Bourguignons.

On fait à Mont-Lhéri le commerce de grains: il y a un marché tous les lundis, qui se convertit en foire les derniers lundis de janvier, d'avril, de juillet et d'octobre. La population de cette ville est de 2000 habitans, compris le bourg de Linas attenant et traversé par la route que nous suivons. Celle qu'on laisse à droite, un quart de lieue avant Arpajon, conduit à Dourdan. Le château qu'on longe à gauche, en face de cet embranchement, est celui de Chanteloup, appartenant à madame de Chabanel, et ressemblant à un couvent ou à une caserne bien plus qu'à un château.

Arpajon est une petite ville de 2500 habitans, située dans une vallée fraîche et riche, au confluent de l'Orge et de la Remarde, et entourée d'un petit boulevard. Elle a des marchés considérables pour les grains et légumes tous les vendredis, trois foires par an, le jeudi Saint, le 1ᵉʳ. mai et le 24 août, une grande halle et de bonnes auberges. Le produit principal de son fertile territoire est en grains. Le froment y rend de 7 à 8 pour 1 sans aucun repos pour la terre. Le château qu'y possédait le maréchal de Mouchy est détruit. — *Parcouru depuis Paris*... 8 lieues.

§ 4. *D'Arpajon à Etrechy*........... 3

Même nature de pays. Vers les trois quarts de la distance, à une portée de balle sur la gauche, est le village de Chamarande, avec un beau château appartenant à M. le marquis de Talaru. Tout près de là est celui de Gravelle, appartenant à M. Perregaux. On jouit d'une superbe vue, à droite et à gauche, du haut de la colline qu'on descend une demi-lieue avant Etrechy, village de 900 habitans, qui se qualifie de bourg, sans autre droit à ce titre que de posséder un bureau de poste. Le sol, devenu sablonneux, perd ici sa fertilité, et rentre dans la classe des terreins les plus médiocres; il est en même temps montueux jusqu'à Etampes. *Parcouru depuis Paris*. 11

§ 5. *D'Etrechy à Etampes*. 2

Vers le quart de la distance on laisse à gauche le château de Geurs, appartenant à M. de Mollien, ancien ministre du Trésor. En arrivant à Etampes, on longe, du même côté, une petite promenade, et l'on remarque à droite, sur une hauteur, la grosse tour de Guinette-Condé, reste de l'ancien château de cette ville, dont la principale et presque la seule rue, celle que parcourt la route, est réputée avoir une lieue de long; elle est effectivement bien longue, mais la lieue m'a paru un peu courte. Un parisien peut dire ici avec vérité : Voilà une bien grande rue pour une rue de province. Il y en a quelques autres sur la gauche; mais aucune de considérable. La ville, de ce côté, est bordée par la rivière de la Juine, qui l'est elle-même par une agréable promenade. On pêche dans cette rivière de bonnes écrevisses.

Etampes possède une des sous-préfectures de Seine-et-Oise, un tribunal civil et un collége. Il y a 8000 habitans, et un très-grand nombre de moulins à farine; on m'en a compté jusqu'à 40. Le principal commerce de cette ville est en farines, grains et laines. Il s'y tient un grand marché tous les samedis.

Iʳᵉ. ROUTE DE PARIS A TOURS.

C'est la patrie des deux naturalistes Guettard et Geoffroy-Saint-Hilaire. En parlant des grands-hommes de cette ville, nous n'oublierons pas le courageux maire Simoneau, mort victime de sa fermeté dans l'exercice de ses fonctions, le 3 mars 1792; cette fin glorieuse est oubliée, et l'on cherche en vain à Etampes le monument que lui avait décrété l'Assemblée nationale.

Il s'y est tenu deux conciles dans le 12ᵉ. siècle; l'un en 1130, pour décider si c'était Innocent II ou Anaclet II qu'on devait reconnaître pour pape; l'autre, en 1160, pour prononcer sur une pareille question concernant Alexandre III et Victor, qui se disputaient le Saint-Siége.

Cette ville, nommée en latin *Stampæ Castrum,* sans que les historiens nous apprennent rien sur l'étymologie de cette dénomination, avait, dès long-temps, et sous le règne même de Philippe-le-Bel, un château royal, que ce prince donna en apanage à Louis, comte d'Evreux.

Le même apanage appartint ensuite à divers autres seigneurs, parmi lesquels on remarque l'illustre nom de Gaston-de-Foix, et plusieurs femmes célèbres, la reine Anne de Bretagne, femme de Charles VIII et de Louis XII, la duchesse d'Etampes (Anne de Pisseleu), maîtresse de François Iᵉʳ., Diane de Poitiers, maîtresse du même prince et de son successeur Henri II; enfin, la fameuse Gabrielle d'Estrées, maîtresse du plus galant et du meilleur de nos rois. — *Parcouru depuis Paris*. . . . . lieues. 13

§ 6. *D'Etampes à Mondesir*. 2

Une montée assez forte au départ d'Etampes conduit dans les monotones plaines de la Beauce, où l'on s'étonne des inutiles détours de la route, qu'il eût été si facile de diriger en ligne droite. Elle n'était pas bordée d'arbres, lors de mon dernier passage; on en a, dit-on, planté depuis. Mondesir est un hameau. Le sol en est médiocre : il ne rend qu'environ 4 pour 1 en froment. — *Parcouru depuis Paris*. 15

§ 7. *De Mondesir à Angerville*. . . . . 2 ½

Vers le milieu de la distance on laisse à gauche un embranchement qui mène à Méreville, village remarquable par le joli château de M. de Laborde, fils du célèbre fermier-général de ce nom, et célèbre lui-même par ses talens littéraires. Son *Itinéraire d'Espagne*, remplit, pour ce royaume, à peu de chose près le même objet que notre ouvrage pour la France. Ce château se distingue par son parc, ses eaux, ses rochers, ses grottes, et surtout par sa belle colonne, au sommet de laquelle on monte par un escalier de 99 marches. Les eaux abondantes et limpides du parc sont celles de la rivière de Juine, qui le traverse par divers canaux.

Peu après l'embranchement qui conduit à ce village, on traverse celui de Menneville, où M. Millin place la curieuse horloge à automates que nous allons voir à Angerville, autre village plus considérable, qui porte le titre de ville, avec une population de 15 à 1800 habitans, et n'a rien de remarquable que l'horloge dont je viens de parler, ouvrage d'un serrurier sans instruction. Il y a un bureau de poste, et un marché tous les vendredis. — *Parcouru depuis Paris*. . . . . lieues. $17\frac{1}{2}$

---

§ 8. *D'Angerville à Toury*. . . . . $3\frac{1}{2}$

La route va toujours en serpentant, quoique toujours en plaine. Peu après Angerville on traverse une voie romaine allant de Sens à Chartres, et l'on trouve un poteau indiquant la triple limite du département de Seine-et-Oise, que nous quittons, de celui du Loiret où nous entrons, et de celui d'Eure-et-Loir, dont nous allons longer la lisière orientale depuis ce point

2*

jusqu'à Artenay. Au bout d'une demi-lieue, on laisse à droite le beau château d'Arbouville, aboutissant à la route par une longue avenue. Toury est un village du département d'Eure-et-Loir, qui forme une légère échancrure sur cette route. On en franchit la limite peu avant et peu après ce village, qui a un embranchement sur Pithiviers. — *Parcouru depuis Paris*. . . . . . . 21 lieues.

---

§ 9. *De Toury à Artenay*. 2
§ 10. *D'Artenay à Chevilly*. 3

Même nature de plaine, toujours couverte de vastes champs de blé, et de route toujours tortueuse, sans qu'on voie le motif de cette fausse direction. Au milieu de la première distance, on traverse le village de Château-Gaillard; et au commencement de la seconde, on laisse à droite le château d'Auvilliers, appartenant à M. de Boussac.

Passé Artenay, de beaux arbres bordent la route, qui, depuis Etampes jusque là, n'offre qu'une vaste plaine à blé; elle produit le terme moyen de 5 à 6 pour 1. C'est ici qu'on reconnaît, autant que nulle part, la vérité de ce que nous avons dit ailleurs, que l'étendue des moissons ne fait pas la beauté des campagnes, comme elle en fait la richesse. A Chevilly, les plaines grasses et argileuses de la Beauce font place aux plaines sablonneuses et peu fertiles de l'Orléanais, et les vastes champs de blé à la vaste forêt d'Orléans.

Artenay est un bourg de 1500 habitans, et Chevilly, un village d'environ 5 ou 600, bien bâti et très-agréable; il a un joli château, appartenant à M. de Montpinson. On le laisse à une petite distance sur la droite, au bout d'une longue et belle avenue.—*Parcouru depuis Paris.* lieues.
26

§ 11. *De Chevilly à Orléans.* . . . . $3\frac{1}{2}$

La forêt est si élaguée le long de la route, que, comme dit M. Millin, on ne se douterait guère qu'on la traverse. Des parties considérables ont été défrichées; sa grande étendue est sur la gauche. Ce trajet est aussi sûr aujourd'hui qu'il a été fameux autrefois par les assassinats. Le bois qu'on longe à gauche au sortir de Cercotte, village situé au milieu de la distance, se nomme le bois des *pendus*, parce que c'est là qu'on exposait les pendus.

Orléans. Le faubourg des Aides, par lequel on arrive à Orléans, porte près de cette ville le nom de Banier. Il est remarquable par sa longueur de plus d'une lieue. Avant d'y arriver, on longe à gauche deux jolies maisons de campagne ; et du même côté, on observe avec curiosité un arbre à deux tiges, qui, séparées entre elles par un espace assez considérable, se recourbent vers le milieu, pour se joindre ; ce qui forme une espèce d'arc de triomphe, un peu semblable à ces monumens éphémères qu'on élève sur les grandes routes pour le passage de quelque souverain.

Orléans est une ville de 42,000 habitans. La route que nous suivons la traverse par deux rues, qui, percées l'une à la suite de l'autre, sont séparées entre elles par la place du Martroy, située à peu près au centre de la ville. La première (la rue Banier), qui conduit de la barrière à la place, n'a rien de remarquable; la seconde (la rue Royale), qui conduit en droite ligne de cette place au pont de la Loire, est la plus belle rue de la ville, et l'une des plus belles de France. La place du Martroy est aussi la plus belle place d'Orléans, quoique sans régularité. La statue de Jeanne d'Arc, grossièrement exécutée en bronze, occupe non le centre, mais une extrémité de cette place.

L'ancien monument consacré à cette héroïne, fut détruit par la frénésie révolutionnaire en

1792; il occupait l'angle de la rue Royale et de la Vieille Poterie : c'est peut-être là qu'on placera la statue équestre dont le projet nous est annoncé par les journaux. Il est à désirer qu'elle soit mieux exécutée que la statue pédestre.

La cathédrale, connue sous le nom de *Sainte-Croix*, est une des plus belles de France. L'ancienne, construite dans le 13e. siècle, ruinée dans le 16e. par les calvinistes (en 1567), fut rebâtie dans le 17e. par l'ordre et les bienfaits de Henri IV, qui en posa la première pierre le 18 avril 1601. Les vieilles tours subsistaient encore en 1726; elles furent démolies pour faire place aux nouvelles et au portail qu'on voit aujourd'hui. Cette partie, la plus moderne de l'édifice, est en même temps la plus admirée des connaisseurs. Les deux tours, terminées par une espèce de couronnement, sont construites avec beaucoup de grâce et de légèreté; elles surpassent, à mon avis, ce que nous offre de plus élégant en ce genre l'architecture gothique. En face d'une porte latérale de cette église est une place d'où part une rue large et neuve, mais très-courte, qui conduit à l'hôtel de la Préfecture, ancien couvent de bénédictins.

L'église de Saint-Aignan offre un joli vaisseau gothique. Nos Rois en étaient les premiers chanoines : Louis XII s'y est fait recevoir en cette qualité, et y a pris l'aumusse. Sur la place plantée d'arbres qui est en face, se tient la foire de Saint-Aignan. Non loin de cette église, un bâtiment se fait remarquer par sa beauté, son élévation de sept étages, sa pompe à feu et son site agréable; c'est une filature de coton.

L'Hôtel-de-Ville, sur la place de l'Étape, était autrefois l'hôtel du Gouvernement. C'est là qu'est mort le roi François II. La tour du palais de justice n'est remarquable que comme le bâtiment le plus haut et le plus central de la ville.

Le pont, quoiqu'incontestablement fort beau, n'a rien de frappant pour le voyageur qui a vu celui de Neuilli, ou qui vient de voir celui de Tours ; sa longueur est de 166 toises ; il est accompagné d'un assez beau quai qui n'est pas achevé.

A la suite de ce pont est une promenade, et à la suite de la promenade le joli faubourg d'Olivet, long d'une demi-lieue; il est rempli de maisons de campagne ainsi que de pépinières, qui sont elles-mêmes remplies d'arbres étrangers, objet d'industrie et de commerce particulier à cette ville.

La plus belle promenade est celle du Mail;

mais la plus agréable est sans contredit celle des Remparts : ils forment autour de la partie de la ville qui n'est pas bordée par la Loire, une enceinte, en arc de cercle très-ouvert, et en terrasse presque partout ombragée, qui domine au loin la plaine : le fleuve figure la corde de l'arc. Les rues *Banier* et *Royale*, qui traversent la ville, semblent, avec le pont qui est à la suite, en figurer la flèche.

On évalue à un quart de lieue la longueur de ces deux rues, qui forment la largeur d'Orléans; à une demi-lieue celle de l'étroite rue de Bourgogne, qui en forme la longueur, et à une lieue de tour l'enceinte de la ville.

Le jardin de Botanique qu'on voit hors des murs n'est guère, à proprement parler, qu'une promenade; il ne saurait être bien riche, vu son peu d'étendue et la pauvreté du sol. La bibliothèque publique est dans un joli vaisseau, mais trop petit pour les 20,000 volumes qui la composent. La salle de spectacle est fort simple, mais elle offre l'avantage d'un parterre assis, comme les théâtres de Paris, avantage bien rare en province.

Cette ancienne Capitale, d'abord d'un royaume sous les Rois de la première race, et ensuite d'une province, érigée en duché par

Philippe-de-Valois, fut donnée comme apanage au duc d'Orléans par Louis XIII. C'est aujourd'hui le siége de la préfecture du département du Loiret, et des trois tribunaux d'appel, de 1re. instance et de commerce. Cette ville possède une société savante, sous le titre de Société de sciences physiques. Elle avait jadis une université dont le bâtiment subsiste toujours. On m'a montré dans une des salles la signature de Calvin.

Le commerce d'Orléans consiste principalement en vins et eaux-de-vie, en sucre et en plants d'arbres; les vins sont le produit de son territoire, extrêmement sablonneux; le sucre est le produit de ses raffineries, toutes tombées pendant la révolution, et les arbres celui de ses jardins. Les laines de la Beauce et celles de la Sologne font aussi partie du commerce d'Orléans.

En temps de guerre, cette ville est l'entrepôt des expéditions que le midi fait dans le nord, et notamment à Paris. Le canal d'Orléans qui commence à deux lieues, et joint cette partie de la Loire à la Seine, en se réunissant au canal de Briare, près de Montargis, favorise en tout temps ce genre de commerce. Pendant la paix, elle fabrique des bonnets connus sous le nom de *Casquets*, pour les turbans des Turcs.

Le vinaigre d'Orléans passe pour le meilleur de France. Les fromages d'Olivet, qu'on fait dans le village, et à une demi-lieue du faubourg de ce nom, sur la route de Toulouse, sont délicats et recherchés.

Cette ville est fournie d'excellentes auberges, de cafés, de cabinets littéraires, de bains publics, et généralement de toutes les ressources communes aux grandes villes, surtout à celles qui ont un grand passage comme Orléans. Elle a une foire annuelle de vingt jours, qui commence le 1er. juin.

« Les Orléanais, dit Piganiol, ont de l'esprit, mais ils l'ont tourné à la raillerie. Cette raison et leur naturel un peu piquant, les a fait surnommer *Guépins*, et a peut-être donné lieu au proverbe que la *glose d'Orléans est pire que le texte* : car le propre des railleurs est d'ajouter quelque chose aux faits qu'ils rapportent, ce qui s'appelle broder, et détruire le fait par la glose. »

Tel est l'article un peu méchant du bon Piganiol sur le caractère des Orléanais ; sans lui, je n'aurais connu, ni ce surnom, ni ce proverbe, dont beaucoup d'habitans ne se doutent pas eux-mêmes. S'ils ne se connaissent point cette réputation, ils s'en attribuent une autre que je n'aurais pas plus soupçonnée ;

celle d'avoir un grand nombre de bossus parmi eux, ce qui m'a fait diriger de ce côté mes observations, et je suis fort porté à croire qu'il n'y a pas plus de bosses à Orléans qu'ailleurs. J'ai eu beau chercher pendant plusieurs jours, je n'en ai vu qu'une seule; il est vrai qu'elle était double, et vraiment pittoresque; sans doute je ne les ai pas vu toutes, mais sans doute aussi qu'elles sont bien moins nombreuses qu'on ne le dit, ou peut-être se sont elles effacées depuis leur origine, dont voici l'histoire, telle que je la trouve dans un voyage de Paris en Limousin.

« La Beauce avait jadis des monts en abondance,
Comme le reste de la France;
De quoi la ville d'Orléans
Pleine de gens heureux, délicats, fainéans,
Qui voulaient marcher à leur aise,
Se plaignit et fit la mauvaise;
Et messieurs les Orléanais
Dirent au Sort tout d'une voix :
Une fois, deux fois, et trois fois,
Qu'il eût à leur ôter la peine
De monter, de descendre, et remonter encor.
Quoi! toujours mont, et jamais plaine !
Faites-nous avoir triple haleine,
Jambes de fer, naturel fort,
Ou nous donnez une campagne
Qui n'ait plus ni mont, ni montagne.

Oh! oh! leur répartit le Sort,
Vous faites les mutins, et dans toutes les Gaules
Je ne vois que vous seuls qui des monts vous plaigniez;
Puis donc qu'ils nuisent à vos pieds,
Vous les aurez sur vos épaules.
Lors la Beauce de s'aplanir,
De s'égaler, de devenir
Un terrain uni comme glace;
Et bossus de naître en la place,
Et monts de déloger des champs.
Tout ne put tenir sur les gens,
Si bien que la troupe céleste
Ne sachant que faire du reste,
S'en allait les placer dans le terroir voisin,
Lorsque Jupiter dit : Epargnons la Touraine
Et le Blaisois; car ce domaine
Doit être un jour à mon cousin.
Mettons-les dans le Limousin.

» Ceux de Blois comme voisins et bons amis de ceux d'Orléans, les ont soulagés d'une partie de leur charge : les uns et les autres doivent encore avoir une génération de bossus, et puis c'en est fait. »

Si nous passons de la fable à l'histoire, nous verrons qu'Orléans a joué de tout temps un rôle important dans la nôtre, à commencer par les Commentaires de César; car il nous paraît décidé que cette ville est le *Genabum Carnutum*, dont fait mention le conquérant des Gaules, comme d'une ville assiégée et prise par lui. Le savant d'Anville, qui est entré dans la lice des controverses, en est à peu près sorti vainqueur, par les recherches, les démonstrations et les faits dont il appuie son opinion, en faveur de la ville d'Orléans contre celle de Gien, qui est en concurrence avec elle à cet égard.

Genabum devint dans la suite *Aurelianum* ou *Aureliana civitas*, nom qu'on croit venir de l'empereur Aurélien, sans qu'on puisse ni affirmer ni prouver cette étymologie. On est plus certain de celle du nom actuel d'Orléans, qui vient évidemment du nom latin d'*Aurélianum*.

Divers autres siéges postérieurs à celui de Jules-César, dont trois sont mémorables, ont illustré cette ville, depuis la fondation de la monarchie. Attila, ce féroce roi des Huns, ce chef de barbares qui se disait le *fléau de Dieu*, vint l'assiéger en 450, sous l'épiscopat de Saint Aignan; et tandis que le prélat levait les mains au ciel dans le sanctuaire, Aëtius, général romain, Théodoric, roi des Visigoths, et Mérovée, roi des Francs, qui avaient joints leurs troupes, chassèrent le *fléau de Dieu* de devant les murs de cette ville.

Ce fut en 1428 que les Anglais, maîtres de presque toute la France, mirent le siége devant Orléans. Tout le monde sait qu'ils furent obligés de le lever, et que la ville dut sa délivrance à la fameuse Jeanne d'Arc, surnommée d'après ce haut fait d'armes, *la Pucelle d'Orléans*, fausse dénomination, faite pour dérouter sur la patrie de cette héroïne, native du village de Donremi, en Lorraine.

Le siége, bien moins mémorable qu'Orléans a soutenu contre le duc de Guise, en 1562, n'est fameux que par l'assassinat de ce chef du parti catholique, que le calviniste Poltrot tua d'un coup de pistolet. Je n'ai point cru devoir parler de la prise et reprise de cette ville par les Normands, en 855 et 865. Le prince de Condé et la Noue la surprirent aussi, le premier en 1562, le second en 1567. Elle a vu convoquer dans ses murs un grand nombre de conciles, dans le sixième siècle, 511, en 533, 538, 541, 549, etc.

On a consacré au plus mémorable de tous les événemens que nous venons de citer, la délivrance d'Orléans par la Pucelle, une fête annuelle qui se célèbre le 8 mai : on y prononce le panégyrique de la guerrière, et l'on y portait son drapeau, avant la révolution.

Cette ville a vu naître plusieurs grands-hommes :

Abbon de Fleury, grammairien, mathématicien, poëte, rhéteur, théologien, astronome et musicien, qui vécut sous le règne de Hugues Capet, et mourut en 1004.

Etienne Dolet, imprimeur, poëte et grammairien, brûlé comme athée, à Paris, en 1546.

Geoffroi Vallée, auteur de la *Béatitude des Chrétiens* ou *le Fléau de la Foi*, brûlé à Paris comme déiste, en 1574.

Le mathématicien Nicolas Berauld, ami du célèbre Erasme, et précepteur de l'amiral de Coligny.

L'auteur tragique Florent Chrétien, précepteur de Henri IV.

Jacques Bongart, à qui nous devons des lettres en latin, écrites avec goût, et des notes savantes sur Justin : mort à Paris en 1612, âgé de 58 ans.

Le comte de Montgommery, connu pour avoir tué dans un tournoi le roi Henri II, et décapité quinze ans après en place de Grève, pour avoir pris les armes contre la cour.

Le père Petau, jésuite, également estimable comme littérateur et comme théologien, mort en 1652.

Jacques de Cailly, auteur d'un petit recueil

d'épigrammes, dont quelques-unes sont assez heureuses, mort en 1673.

Jacques Lalande, savant jurisconsulte, mort en 1703.

Nicolas Toynard, qui a cultivé avec succès la numismatique, mort en 1706, à l'âge de 72 ans.

Amelot de la Houssaye, auteur d'une traduction de Machiavel, et d'autres ouvrages, mort en 1706, âgé de 77 ans.

L'oratorien et apostat Michel le Vassor, auteur de divers ouvrages, dont le plus connu est une histoire de Louis XIII, pleine d'anecdotes curieuses, en vingt volumes *in*-12, mort en 1718, à l'âge de 70 ans.

Charles Simonneau, excellent graveur, mort en 1728.

Nicolas Gédoyn, traducteur de Quintilien et de Pausanias, mort en 1744, à 77 ans.

François Salerne, médecin naturaliste, mort en 1760.

Les deux célèbres jurisconsultes Pothier et Daniel Jousse, morts, le premier en 1772, âgé de 73 ans, et le second en 1781, âgé de 77 ans.

Charles Nicolas Beauvais, l'un des plus ardens conventionnels, connu par divers ouvrages, mort à Montpellier en 1789, à 49 ans.

Je ne sais pourquoi la plupart des géographes placent Orléans sur le penchant d'un coteau : ce prétendu coteau n'est, aux yeux de tous les voyageurs, qu'une plaine très-légèrement inclinée vers le fleuve.

Les fameux vins d'Orléans, moins appréciés à Paris que ceux de Bourgogne, mais préférés par quelques gourmets du second ordre, croissent dans le territoire sablonneux de cette ville, à une lieue de rayon dans tous les sens, et à plusieurs lieues le long de la Loire. Les plus estimés sont ceux de Saint-Denis, village qu'on voit à une lieue de distance vers l'est, entre la Loire et le Loiret.

La vaste forêt d'Orléans ne commence qu'à une lieue de la ville, vers le nord. On lui donne vingt lieues de long sur sept de large ; mais plus de la moitié de cette étendue est défrichée.

Malgré la nature sablonneuse du terrain, les environs de cette ville sont très-gracieux, surtout au bord de la Loire, où l'on voit beaucoup de jolies maisons de campagne.

On montre sur la rive droite, près de la route de Tours, à un quart de lieue de la ville, *la maison Rouge* qui servait de pied à terre à Louis XIV, lors de ses voyages à Chambord.

Indépendamment des routes de poste qui aboutissent à cette ville, elle en avait une sur Gien, supprimée depuis la révolution, et décrite avec les communications de la route de Paris à Toulouse, elle a encore une route sur Châteaudun. — *Parcouru depuis Paris jusqu'à Orléans*................ 29 $\frac{1}{2}$ lieues.

---

§ 12. *D'Orléans à Saint-Ay*......... 3
§ 13. *De Saint-Ay à Beaugency*...... 3

La plaine riante et couverte de vignobles que suit la route, au sortir d'Orléans, se termine à la Loire, qu'on longe sans discontinuer, et presque sans la voir. Au tiers de la première distance, on voit à gauche l'avenue et le château de la Chapelle, qui était, lors de mon dernier passage en 1815, possédé et habité par la tragédienne Raucour, si bien accueillie du public pendant sa vie, et si mal du curé de Saint-Roch, après sa mort.

Saint-Ay est un village dont le territoire est la principale source des vins d'Orléans. Situé en terrasse, sur la rive droite de la Loire, il jouit d'une vue délicieuse sur la rive opposée. L'objet le plus frappant qui s'y présente est la petite ville de Notre-Dame de Cléry, remarquable par la haute église qui la domine. C'est une ancienne collégiale, qui, malgré tout son effet lointain, ne mérite d'être visitée que pour le tombeau de Louis XI, qui, après avoir été transporté au muséum des Augustins de Paris, avec tant d'autres monumens français, par l'effet de la révolution, vient d'être rendu à l'église d'où il n'eût jamais dû sortir. Elle était renommée par les miracles qu'y opérait la Sainte Vierge, sa patronne, et qui furent long-temps l'objet de beaucoup de pélerinages et d'offrandes. Ayant été dévastée et pillée en 1428 par le comte de Salisbury, général de l'armée anglaise, elle fut rebâtie par les soins de Louis XI, qui voulut y être enterré, de préférence à Saint-Denis, et ses volontés furent exécutées.

A mi-chemin de Saint-Ay à Beaugency, on traverse Mehun, petite ville qui ressemble à un bourg, quoique peuplée de 4000 âmes, d'après les géographes, ainsi que d'après les habitans, dont l'industrie se partage entre la culture des vignes, le commerce des vins et la pêche du poisson. C'est la patrie de Jean Clopinel, surnommé de *Mehun*, né en 1280, continuateur du célèbre roman de la *Rose*, commencé par Guillaume de Loris, et celle de l'oratorien Morin, auteur du mécanisme universel et autres

Iʳᵉ. ROUTE DE PARIS A TOURS. 37

ouvrages savans sur la physique, mort en 1764, à l'âge de 59 ans.

On longe, au sortir de cette ville, la belle maison de M. le Couteux, dont les jardins règnent en terrasse sur la Loire. Un groupe de tours et tourelles gothiques, agréablement rajeunies, que recouvre une ardoise éclatante, lui donne un caractère particulier. C'était avant la révolution une maison de plaisance de l'évêque d'Orléans.

On s'éloigne de la Loire, en s'éloignant de Mehun : on la retrouve à Beaugency, ville du même ordre, et à peu de chose près de la même population, avec un site également avantageux sur la rive droite de la Loire. Elle n'est pas plus remarquable par elle-même que Mehun, mais elle a l'air plus grande et plus *ville*. Elle est encore plus connue pour les vins de son territoire, dont elle fait un bien plus grand commerce. Ils sont réputés les meilleurs de tout l'Orléanais; on y fait aussi beaucoup d'eau-de-vie.

Cette ville a un pont de trente-neuf arches sur la Loire, et quoiqu'il ne soit pas très-beau, il n'en mérite pas moins d'être mentionné, car comme je l'ai lu dans je ne sais quel auteur,

> Ce n'est pas petite gloire
> Que d'être pont sur la Loire.

Parcouru depuis Paris. . . . . lieues. 35

SUD-OUEST DE LA FRANCE.

lieues.

§ 14. *De Beaugency à Mer*............ 3 ½

On est toujours dans les vignobles, mais ils s'éclaircissent. On continue à longer la rive droite de la Loire, et l'on s'éloigne de nouveau de ses bords, de manière à ne plus la voir que par intervalle. La suivre entièrement serait décrire avec elle de longs circuits, qui ne conviennent pas plus aux ingénieurs qu'aux voyageurs pressés. Vers le tiers de la distance, on passe du département du Loiret dans celui du Loir-et-Cher.

Les maisons de campagne, très-nombreuses sur cette route, avant Baugency, le sont bien moins après : elles reparaissent aux approches de Mer, petite ville de 3000 habitans, adonnés, comme ceux de Mehun et de Beaugency, à la culture des vignes, ainsi qu'au commerce des vins et eaux-de-vie. C'est la patrie du fameux ministre protestant Jurien. — *Parcouru depuis Paris*..................... 38 ½

§ 15. *De Mer à Menars*............ 3

Plaine à perte de vue, vignes et champs. On trouve vers le milieu de la distance le bourg de Suèvres, peuplé de 12 à 1300 habitans. Le village peu considérable de Menars, dont on laisse la plus grande partie sur la droite, possède un beau château, qui a appartenu, sous le règne de Louis XV, à madame de Pompadour, et sous le règne de Louis XVIII, au maréchal Victor, duc de Bellune: la route en traverse le parc. Les terrasses en sont magnifiques, ainsi que les points de vue dont on y jouit, tant sur ce fleuve que sur les campagnes qui en embellissent la rive opposée, campagnes embellies elles-mêmes par les forêts de Russy et de Boulogne, ainsi que par le château de Chambord et son vaste parc, qui a 7 lieues de tour. Le château, construit par François Ier., qui y employa, dit-on, pendant 12 ans, 1800 ouvriers, est un des plus beaux de France. N'ayant pu le visiter nous-mêmes, nous allons copier M. Millin, qui a été plus heureux que nous.

« C'est un assemblage de tours et de tourelles élégamment sculptées et chargées de petites pierres noires taillées en rond et en losanges, qui y forment des compartimens. Au milieu, il y a huit salles très-vastes et très-élevées, et le second étage est voûté. On remarque surtout l'escalier double, dans lequel deux personnes peuvent monter et descendre sans se voir. Partout on trouve la Salamandre, ou l'F couronnée. François Ier. voulait faire passer le Loiret dans le parc. Depuis ce prince jusqu'à Louis XIV les rois ont souvent habité Chambord. Devenu depuis la noble récompense des exploits et des talens militaires, il a été donné par Louis XV, au maréchal de Saxe, et par Bonaparte au maréchal Berthier.

» On nous fit voir la chambre du vainqueur de Fontenoy ; mais nous cherchâmes vainement dans le cabinet près de la Chapelle la vitre sur laquelle François Ier. écrivit avec son diamant, sans doute dans un moment de jalousie et de dépit :

> Souvent femme varie,
> Mal habil qui s'y fie. »

Le château, renommé par sa grande étendue, qui lui donne de loin l'air d'une ville, est à une demi-lieue de la Loire, à 4 lieues de Blois. — *Parcouru depuis Paris*. . . . . . . lieues. 41 ½

---

§ 16. *De Menars à Blois*. 2

Même plaine et même genre de route, toujours le long de la Loire. Un moment avant d'arriver à Blois, le chemin se divise en deux, dont l'un mène au bas de la ville, où sont la poste et les auberges (c'est la grande

Ire. ROUTE DE PARIS A TOURS.

route), et l'autre, au haut, où sont la préfecture et le château. Du point où s'opère cette bifurcation, on jouit d'une très-belle vue sur la rive gauche de la Loire.

Blois. Blois est une ville de 13 à 14,000 habitans, située en amphithéâtre, sur la rive droite du fleuve. La route n'y entre pas, elle la cotoie par un quai plus agréable que beau, après avoir longé à droite une jolie promenade, et à gauche un pont des plus solides, s'il n'est pas un des plus beaux qui soit sur cette rivière. Rompu lorsque l'armée vendéenne menaçait cette ville, il fut rétabli par le préfet Corbigny, ainsi qu'il nous l'atteste lui-même dans l'inscription qu'on lit au bas de l'obélisque élevé sur le milieu du pont.

Quand on pénètre dans les rues, on trouve une vieille ville dans toute sa laideur, quoiqu'en disent les géographes qui, ne l'ayant pas vue, la vantent pour une belle ville ; elle n'offre que rues étroites, tortueuses et mal bâties, dont quelques-unes sont très-escarpées et n'est riche qu'en fontaines publiques. La seule belle maison est celle de l'évêché, aujourd'hui la préfecture, ✝ accompagnée de jardins en terrasses et de bosquets, d'où l'on jouit d'une vue magnifique sur le cours de la Loire.

✝ La préfecture occupe aujourd'hui un hôtel élégant bâti au sommet du plateau sur lequel se trouve Blois. Le palais épiscopal a été rendu à son ancienne destination.

L'ancien château de Blois, célèbre par le séjour qui ont fait les rois Louis XII, François Ier., Charles IX et Henri III, ainsi que par les états qui s'y sont tenus en 1577, existe toujours, mais dans un état d'abandon et de dépérissement. La solidité de son architecture le soutient seule contre les ravages du temps et le défaut d'entretien. La maçonnerie en est encore à peu près intacte, pendant que les toitures sont toutes ouvertes et ruinées. La première façade qui se présente aux voyageurs, ordinairement empressés de voir ce château, est celle du midi, dont le style est parfaitement gothique. On y entre par celle du nord, où l'on s'étonne de reconnaître un style moderne, peu analogue à l'idée qu'on s'est faite de ce vieux palais des rois. C'est qu'il a été construit sous différens règnes; la façade du sud et celle de l'est l'ont été sous Louis XII, celle du nord sous François Ier. Gaston d'Orléans fit construire en 1635, sur les dessins du célèbre Mansard, la belle façade qui regarde l'occident : la mort l'empêcha de l'achever. Cette variété d'architecture se fait remarquer surtout dans une façade intérieure partagée en deux par une tour octogone, dans laquelle on a pratiqué l'escalier, et qui est parfaitement gothique quant à son architecture, parfaitement moderne quant aux reliefs et arabesques dont elle est ornée ; contraste frappant, qui paraît avoir échappé aux observations de M. Millin.

Ce château sert actuellement de caserne et de magasin aux troupes. On y montre encore la salle des états, la chambre de la reine, la place où fut assassiné le duc de Guise, la tour où le cardinal, son frère a été enfermé, et tué à coups de pertuisane, etc. On ne peut, nulle part, mieux étudier l'histoire de la Ligue : c'est une véritable collection de monumens historiques et de grands souvenirs, qui se rattachent aux époques les plus orageuses, et par cette raison les plus intéressantes, de notre histoire. Sous ce rapport, on peut dire que Blois est une ville classique : on en peut dire autant du département du Loir-et-Cher, dont elle est le chef-lieu, comme de ceux du Loiret que nous quittons, et de l'Indre-et-Loire où nous allons bientôt entrer, ainsi que de tous les pays qu'arrose la Loire, depuis Orléans jusqu'à Tours ; on pourrait presque dire depuis Gien jusqu'à Angers.

« On cherche inutilement l'origine de Blois, (dit M. Peuchet, dans sa description statistique et topographique de ce département). Un aqueduc superbe, taillé dans le roc par les romains, atteste son antiquité : on le nomme l'*Arou*; il est fait en forme de grotte, et coupé dans le rocher, avec un tel art que plusieurs personnes y peuvent marcher de front : il traverse la ville, et reçoit toutes les eaux pluviales, etc. »

Blois a vu naître le savant Pierre de Blois, mort en Angleterre, l'an 1200; le bon roi Louis XII; le mauvais médecin Jean Bernier, auteur, sous Louis XIV, d'une méchante histoire de cette ville, et de divers autres ouvrages; Louis Bourgeois, médecin de François Ier. et de Henri II; le jésuite Nicolas Charenton, traducteur et continuateur de l'histoire d'Espagne, par le jésuite Mariana; le poëte latin Dampierre; les trois Papin, le premier d'abord prédicateur calviniste, ensuite auteur catholique, et les deux autres habiles médecins, auteurs de divers ouvrages de physique et de médecine; le calviniste Viguier, auteur d'un grand nombre d'ouvrages savans et mal écrits; Jean Morin, autre calviniste, converti à la religion catholique, l'un des hommes les plus érudits du siècle de Louis XIII, dans la théologie et les langues orientales; Pierre Brunel, peintre d'Henri VI, enfin Thomas Mahy de Favras, pendu à Paris, le 19 février 1790, pour une conspiration dont il était accusé, et mort avec le courage, non d'un conspirateur, mais d'un héros (*).

(*) « Cet accusé, dit un historien, parut devant ses juges avec tous les avantages que donne l'innocence, et qu'il sut faire valoir, parce qu'à un esprit orné, il joignait la facilité de s'exprimer avec grâce; ses paroles avaient même un charme dont il était difficile de se défendre. Il avait de la douceur dans le caractère, de l'aménité dans les manières, de la décence dans le maintien. Il était d'une taille avantageuse et bien proportionnée, d'une physionomie qui prévenait en sa faveur. L'extrême propreté dans ses habits, et la croix de Saint-Louis, dont il était décoré, contribuaient à rehausser sa bonne mine. Ses cheveux commençaient à blanchir, il avait alors 46 ans; ses yeux étaient grands et noirs, son teint un peu basané, son nez saillant et aquilin. Il était naturellement froid et réservé, parlait peu et réfléchissait beaucoup. » Dans tout le cours de sa défense, il ne perdit jamais cette attitude noble qui convient à l'innocence. Favras répondit à toutes les questions avec netteté et sans embarras. Les juges restèrent pendant six heures aux opinions, et condamnèrent l'accusé à être pendu et à faire préalablement amende honorable. A trois heures du soir, le 18 février 1790, ce dernier fut conduit au lieu de son supplice. Les cheveux épars, les mains liées, assis dans l'infâme tombereau, il n'en conserva pas moins le calme et la majesté de sa figure. Arrivé devant l'église Notre-Dame, il descendit, prit des mains du greffier l'arrêt qui le condamnait, et en fit lui-

La plupart des savans et hommes de lettres dont on vient de voir la longue liste n'ont pas

---

même la lecture à haute voix. Lorsqu'il fut à l'Hôtel-de-Ville, il demanda à dresser une déclaration dont voici un court extrait : « En ce moment terrible, prêt à paraître devant Dieu, j'atteste en sa présence, à mes juges et à tous ceux qui m'entendent, que je pardonne aux hommes qui, contre leur conscience, m'ont accusé de projets criminels qui n'ont jamais été dans mon âme... J'aimais mon roi, je mourrai fidèle à ce sentiment; mais il n'y a jamais eu en moi ni moyen, ni volonté d'employer des mesures violentes contre l'ordre de choses nouvellement établi... Je sais que le peuple demande à grands cris ma mort; eh bien! puisqu'il lui faut une victime, je préfère que le choix tombe sur moi que sur quelque innocent, faible peut-être, et que la présence d'un supplice non mérité jeterait dans le désespoir. Je vais donc expier des crimes que je n'ai point commis. » Il corrigea ensuite tranquillement les fautes d'orthographe et de ponctuation faites par le greffier, et dit ensuite un éternel adieu à ceux qui l'entouraient. Lorsqu'il fut sur l'échafaud, la douceur de son regard et la sérénité de son visage enchaînèrent la rage des spectateurs et commandèrent le silence. Il se tourna vers le peuple, et s'écria : « Braves citoyens, je meurs sans être coupable, priez pour moi le Dieu de bonté. » Il conjura ensuite le bourreau de faire son devoir, et de terminer ses jours. Le public plaignit sa mort, et le crut une victime immolée à la sûreté publique pour apaiser l'effervescence du peuple. (Dict. hist., art. *Favras*.)

Iʳᵉ. ROUTE DE PARIS A TOURS.

fleuri de nos jours; c'est que, sous ce rapport comme sous tous les autres, la ville de Blois est déchue depuis qu'elle a cessé d'être le siége de la cour. Ce fut à cette époque qu'elle dut mériter la réputation d'être la ville de France où l'on parle le mieux le français, réputation qui ne paraît aujourd'hui nullement fondée.

Chef-lieu du département du Loir-et-Cher, cette ville possède, avec la préfecture et les deux tribunaux de première instance et de commerce, une belle bibliothèque, établie dans l'ancien palais épiscopal, et riche en éditions rares. † La coutellerie, la tannerie, la ganterie, les vins et eaux-de-vie constituent son commerce. Les voyageurs y trouvent des bains publics et de bonnes auberges, où l'on ne manque guère de les régaler des fromages à la crême de Saint-Gervais, nom du village où ils se font. Outre la route de poste que nous décrivons, cette ville a encore une grande route sur Vendôme, une autre sur Saint-Aignan, et une autre sur Orléans, par la rive gauche de la Loire : c'était autrefois la véritable route de Paris à Tours et à Bordeaux. Elle n'est pas plus longue que la route de poste. — *Parcouru depuis Paris jusqu'à Blois*. . . . . lieues. $43\frac{1}{2}$

† La bibliothèque se trouve aujourd'hui à l'hôtel de ville, sur le Quai du département.

§ 17. *De Blois à Chousy*.......... 3
§ 18. *De Chousy à Veuves*......... 3
§ 19. *De Veuves à Amboise*........ 3

lieues.

En quittant Blois, on aperçoit sur le haut de la côte, un monticule élevé en forme de pain de sucre : c'est la butte *des Capucins*. On prétend que Gaston d'Orléans la fit faire pour procurer du travail à la classe indigente, pendant un hiver rigoureux, mais une autre conjecture plus fondée veut que ce soit un monument ancien, et apparemment celtique.

La fameuse levée de la Loire ne commence véritablement qu'une lieue après Blois : le coteau sur le penchant duquel est bâtie la ville, se prolonge le long de la Loire, jusqu'à cette distance, de manière que la route tracée au pied ne peut servir de digue au fleuve, qui n'en a pas besoin ; il est digué par le coteau même.

Cette levée est le plus bel ouvrage de ce genre qu'on connaisse ; mais sa magnificence est encore surpassée par son utilité, puisqu'elle offre à la fois au public une superbe route, et aux propriétaires riverains une puissante barrière contre les invasions de la Loire, qui n'a jamais pu la rompre. Cette digue restitue à l'agriculture des terrains immenses, qui ne seraient sans elle que des grèves ou des marécages. Aux mêmes lieux où devaient croître les joncs et les roseaux, croissent en abondance les grains, les fruits et les légumes. Reléguée depuis peu par un décret dans la troisième classe, cette intéressante route m'a paru aussi mal entretenue à mon dernier passage qu'elle était en bon état auparavant, lorsqu'elle faisait partie de celle de Paris à Bordeaux. Mais la classification ne change rien aux grandes directions connues; elles sont comme la nature, indépendantes de toutes les lois, et tant que cette route existera, elle sera toujours, pour les voyageurs, la route de Paris à Bordeaux, sinon la plus courte, du moins la plus agréable, on peut dire même la route la plus agréable de France. Elle sera aussi toujours l'unique route d'Orléans à Tours, à Bordeaux, à la Rochelle, à Angers et à Nantes (*).

La levée est étroite et dangereuse par sa hauteur de 22 pieds, qui offre un précipice continuel

---

(*) Lorsque tant de personnes ont intérêt à tromper les gouvernemens, il convient que quelque voix désintéressée s'élève en faveur de la vérité pour les détromper. Des considérations particulières et locales ont pu seules faire descendre tout à coup du premier au dernier rang cette ancienne et jadis unique route de Paris à Bordeaux.

à droite et à gauche. Elle est défendue, du côté de la Loire, par un faible parapet d'environ 2 pieds de haut, qui, suffit bien pour chasser les voitures vers le milieu de la route, mais non pour garantir celles qui verseraient, du danger de rouler dans le fleuve. Le côté opposé n'a ni barrière ni mur, parce qu'il a paru présenter moins de risque (*). Des barrières ou des parapets d'une hauteur suffisante, rendraient la route toujours sûre. Elle est pavée d'ailleurs dans son milieu, et ce pavé dirige, pendant la nuit, les postillons ou conducteurs, qui ne peuvent dévier sur les bords sans s'en apercevoir.

Quoique la digue garantisse la vallée des ravages de la Loire, plusieurs parties sont cependant inondées en hiver par des eaux stagnantes; et la submersion, lorsqu'elle dure trop long-temps, nuit aux récoltes, qui rendent, dans les années où elles ne sont pas submergées, 7, 8 pour 1 ordinairement, bien davantage dans quelques terroirs, d'une nature supérieure, et bien moins dans d'autres, d'une nature sablonneuse.

Les prairies sont la culture dominante de

(*) Depuis mon passage, il a été garni dans le département du Loir-et-Cher, d'une haie de peupliers, qui sera sans doute continuée dans celui d'Indre-et-Loire.

Ire. ROUTE DE PARIS A TOURS.

cette vallée, dont le climat passe pour être vif et sain. Les cultivateurs y ont cependant des teints fiévreux, mais peu de fièvres. Les coteaux, variés à l'infini, qui l'enferment, en s'éloignant et se rapprochant tour à tour, forment une bordure encore plus jolie que le tableau.

On ne rencontre aucun lieu considérable jusqu'à Amboise. Chousy et Veuves sont deux villages sans intérêt. Entre les deux, on trouve le hameau d'Ecure, dépendant du bourg d'Onzain, qu'on voit à un quart de lieue sur la droite, et où l'on remarque le château de M. Foulon, fils de l'une des premières et des plus infortunées victimes de la révolution. C'est sans doute en considération de ce bourg, que le hameau d'Ecure possède un bureau de poste. En face s'élève, sur l'autre rive de la Loire, le château de Chaumont, que Catherine de Médicis a long-temps habité : on y reconnaît encore des traces du goût de cette princesse pour l'astrologie.

Peu après Veuves, un poteau planté au bord de la route, apprend par écrit au voyageur qu'il passe du département du Loir-et-Cher dans celui d'Indre-et-Loire. La colline qui borde la vallée à droite s'éloigne à une demi-lieue ; la colline de la rive opposée borde la Loire.

Nous entrons dans le jardin de la France. La province qui portait ce nom commençait au point où commence aujourd'hui le département qui a pris sa place. Quoique déja bien belle, la vallée de la Loire ne déploie pas encore ici tous ses charmes, ni toute sa richesse aux regards des voyageurs.

Amboise. La route ne passe pas à Amboise, mais dans le faubourg : la ville est sur l'autre rive. J'y suis arrivé par un mauvais pont de bois, qu'un particulier avait fait construire moyennant un péage, en attendant la reconstruction de l'ancien, renversé par la Loire en 1809. Cette ville, peuplée de 5000 habitans, est composée de rues excessivement étroites et tortueuses. Nos anciens rois y avaient un château qu'ils ont rendu célèbre comme celui de Blois. Il était plus fort que ce dernier, puisque les Guises transférèrent, de l'un dans l'autre, le roi François II, pour sa sûreté, et non Henri II, comme le prétend M. Millin. « C'était, dit Anquetil, une petite ville plus aisée à défendre contre un coup de main, et munie d'un château assez fort pour attendre du secours. » Ce complot contre le roi, ou plutôt contre les Guises, n'en éclata pas moins, sous le nom de *Conjuration d'Amboise :* sans la translation de la cour, il eût été appelé sans doute *Conjuration de Blois.* Ni l'un ni l'autre nom ne lui convenait : c'était la conjuration de Nantes, puisque c'est là qu'elle s'est formée; Elle échoua en éclatant, ayant été découverte avant l'événement, et les mesures de sûreté ayant été prises en conséquence.

Ce qui reste de cet ancien château en donne une grande idée. On y jouit d'une des plus belles vues de France, sur la vallée de la Loire, qu'on découvre depuis Blois jusqu'à Tours. Il offre lui-même, vu de la rive droite, une perspective des plus pittoresques. Consacré à une sénatorerie, lors de mon passage, il venait d'être embelli d'un jardin anglais. On y voit, dans la chapelle, un bois de cerf que mon guide me donna, d'un ton visiblement capable, et de la meilleure foi du monde, pour celui du *fameux cerf chassé et tué par César*; ainsi qu'il prétendait l'avoir lu dans les Commentaires, qui, comme on sait, parlent toujours de combats et d'armées, jamais de chasses ni de cerfs. Nous aurions inutilement cherché à le désabuser; nous aimâmes mieux nous égayer, en lui faisant remarquer, à l'appui de son opinion, l'empreinte de la balle. Cette preuve lui parut convaincante, et le bonhomme n'aura pas manqué vraisemblablement d'en faire usage, comme d'un argument sans réplique, vis-à-vis de tous les incrédules qu'il aura rencontrés depuis (*).

Une grosse tour ronde, renfermant un escalier en spirale, sans marche, et d'une pente peu rapide, où l'on peut monter à cheval, et même en voiture, conduit sur la terrasse ou plate-forme du château; c'était par là que montaient et que descendaient nos rois, et cet escalier, unique en son genre, est ce qu'offre de plus curieux le château.

Outre la conjuration à laquelle Amboise a donné son nom, outre le roi et les ministres qui étaient l'objet du complot, outre le célèbre la Renaudie, qui en était le chef, cette ville nous rappelle d'autres souvenirs historiques: Louis XI y institua l'ordre de Saint-Michel, Charles VIII y naquit et y mourut. Amboise a vu naître aussi le poëte latin du 17e siècle, Commire,

---

(*) « On ne voit plus dans cette chapelle, dit M. Millin, le bois de cerf monstrueux qu'on y montrait aux curieux; mais la perte n'est pas grande, on sait qu'il était fait de pièces de rapports. » Il n'y a que la dernière moitié de cette double assertion qui soit vraie, ou du moins vraisemblable; mais la première ne l'est pas du tout, si la mienne n'est pas fausse. Or, je puis affirmer, comme l'Orgon du *Tartufe*, que j'ai vu, de mes propres yeux, vu, ce qu'on appelle, vu, en 1812, le bois de cerf que M. Millin prétend n'avoir pas vu en 1809.

Ire. ROUTE DE PARIS A TOURS.

On ne doit pas quitter cette ville sans parcourir le mail, sinon pour s'y promener, du moins pour visiter la fabrique de limes, qui est à l'extrémité; c'est un établissement considérable qui s'exerce et réussit, dit-on, à égaler la perfection anglaise.

Les tanneries et les draperies communes, les vins et eaux-de-vie forment le commerce de cette ville.

Au couvent des Minimes, on montre des souterrains, qu'on appelle *Greniers de César*. On montre aussi, dans le même enclos, des ruines auxquelles on a également appliqué le nom de César.

On peut voir à une demi-lieue sud d'Amboise, le très-beau château de Chanteloup, bâti à peu de chose près dans le goût de celui de Maisons, auquel il est toutefois bien inférieur. On y admirait, avant la révolution, une fort belle vacherie que le ministre Choiseul avait fait construire pour charmer ses loisirs; M. le comte Chaptal, acquéreur de cette belle propriété, charme les siens par des expériences d'agriculture et de chimie dont le résultat doit être d'employer avec plus de succès les productions de la France, pour rivaliser celles de l'étranger. Il a perfectionné la fabrication du sucre de betterave, au point que la raffinerie qu'il a établie prospère malgré la paix, et soutient la concurrence du sucre de l'Inde (*). Il a formé aussi le troupeau de mérinos le plus considérable qui soit en France.

Sur le derrière du château, et sur une butte qui sert de digue à une belle pièce d'eau, s'élève un obélisque bâti en forme de pagode; une inscription y instruit les curieux qu'il est haut de 120 pieds au-dessus du sol, et de 570 au-dessus du niveau de la mer. Un autre leur apprend qu'il fut érigé par M. de Choiseul aux amis qui vinrent le visiter dans son exil : cette dernière est de l'abbé Barthélemy, qui habita Chanteloup durant tout l'exil de M. de Choiseul.

La pièce d'eau est très-belle; mais elle le serait davantage si elle était plus limpide; les eaux sans transparence ne sont à mes yeux que des mares. Le poisson y acquiert ordinairement un goût vaseux ; on sait combien la nature de l'eau influe sur leur qualité : on apprend avec surprise que le poisson de Chanteloup est

---

(*) M. le comte Chaptal est peut-être le premier savant qui ait su réduire en pratique les brillantes théories de la science, et appliquer aux arts utiles les conceptions du génie. L'agriculture et les manufactures doivent à ses recherches un grand nombre d'améliorations et de procédés nouveaux.

cependant très-bon. On n'est pas moins étonné d'apprendre que cette pièce d'eau est sur la partie la plus haute du plateau qui sépare le bassin de la Loire de celui du Cher.

A gauche est un jardin anglais de 40 arpens, le premier qui ait été planté en France. On y trouve des arbres de tous les pays : ils y ont pris un grand accroissement : c'est une des plus belles collections d'arbres étrangers qui existe en Europe. A droite sont les bâtimens de la ferme, plus étonnans encore, par leur grandeur et leur construction, que le château même.

Il a été habité par la princesse des Ursins, par le maréchal d'Armentières, et par le duc de Penthièvre, avant le duc de Choiseul. La princesse de Lamballe y était lorsque la Reine la fit prévenir du danger qu'elle courait dans cette retraite ; elle partit pour Paris, où elle fut une des premières victimes des fureurs démagogiques qui précédèrent la révolution. — *Parcouru depuis Paris*. . . . . lieues. $52\frac{1}{2}$

§ 20. *D'Amboise à la Frillière*. 3
§ 21. *De la Frillière à Tours*. 3

Au commencement de la première distance, on longe et domine à droite le village de Négron.

On est toujours sur la levée, qui, toujours étroite et tortueuse, offre, avec un pavé négligé, un précipice continuel à droite, et un faible parapet à gauche. Nous avons parlé du peu de sûreté qui résulte de ces faibles pararapets; nous savons aussi pourquoi le pavé, jadis si bien entretenu, est aujourd'hui si négligé : c'est que les routes de la troisième classe n'obtiennent pas les mêmes soins que celles de la première. Nous devinons encore sans peine pourquoi la levée n'est pas plus large, on sent qu'avec sa prodigieuse hauteur et sa longueur de 40 lieues, elle a dû déjà, telle qu'elle est, coûter des sommes énormes; mais on se demande la cause de ces nombreux zigzags qui augmentent la longueur et la dépense.

Voici la réponse à cette question si naturelle : la levée de la Loire n'a pas été dirigée, d'après les lois des ponts et chaussées; elle existait comme digue destinée à contenir le fleuve dans son cours, et à garantir les propriétés riveraines, long-temps avant d'exister comme grande route. D'après cette destination, qui date des premiers siècles de la monarchie, la levée a dû suivre les sinuosités du fleuve. Les ponts et chaussées n'ont fait que s'emparer des premiers travaux pour convertir une longue digue en une

Iʳᵉ. ROUTE DE PARIS A TOURS.

grande route, et ils n'ont pu, tout en l'élargissant et l'exhaussant, que suivre la direction déjà donnée.

Notre curiosité satifaite à cet égard, livrons-nous maintenant à toutes les sensations qu'on ne peut manquer d'éprouver en parcourant cette superbe chaussée, surtout dans la partie où nous arrivons. C'est ici que commence réellement le jardin de la France. Des coteaux plus gracieux et plus pittoresques, une vallée plus fertile et plus verdoyante, un horizon plus riant et plus varié, des villages mieux bâtis et plus propres, des habitans mieux vêtus et plus gais, tout nous annonce à la fois la riche et joyeuse Touraine.

C'est dans cette partie que s'est offert à mes regards, pour la première fois, le spectacle des barques voguant à pleines voiles contre le courant du fleuve. Ce spectacle, tout-à-fait nouveau pour moi, comme le pays que je traversais, est venu doubler le ravissement que me faisait éprouver la plus belle matinée de printemps dans la plus belle contrée de la France. Mes compagnons de voyage riaient de mon enthousiasme : je riais de leur indifférence.

> Et peut-on voir sans un secret plaisir,
> Avec un cœur capable de sentir,

Les printaniers attraits de la fraîche Touraine,
Et ses coteaux fleuris, et sa fertile plaine.

J'avais fait ce voyage en diligence dans ma jeunesse ; je l'ai refait nombre de fois en poste depuis, et toujours avec un nouveau plaisir.

La Frillière est un simple hameau. Une demi-lieue plus loin, on traverse sur un pont, près de son embouchure dans la Loire, la rivière de la Cisse, dont on a cotoyé, jusque là, depuis le relais de Chousy, la rive gauche, à un quart de lieue de distance. Elle coule pendant les 8 ou 9 dernières lieues de son cours, parallèlement à la Loire.

Après le pont, on longe à droite le coteau et le village de Vouvrai, dominé et embelli par le château de Montcontour, et plus loin celui de la Roche-Corbon.

Les maisons règnent presque sans interruption jusqu'à Tours, et sur deux rangs, dont l'un est immédiatement au bord de la route, et l'autre derrière, dans le flanc même du rocher à peu près vertical, qu'elle ne cesse de longer. Elles y sont creusées à diverses hauteurs, en forme de tanières ou de grottes, sans autre mur que celui de la façade, qui souvent n'est autre chose que le roc vif, taillé en forme de mur. Les cheminées ressortent d'une manière très-bizarre au-dessus du sol qui couvre le rocher, et qui est couvert lui-même de broussailles, de vignes, de jardins, etc., de manière que le vigneron ou le jardinier peut, tout en taillant sa vigne ou plantant ses choux, sentir le parfum de ceux qui cuisent dans sa marmite, comme il peut aussi se réchauffer les mains au feu ou du moins à la fumée de sa cuisine; et s'il a des ordres à donner dans son ménage, il les envoie par ce tuyau, qui lui transmet également les réponses. Cette facilité n'a lieu que lorsque le propriétaire de la maison souterraine est aussi celui du sol qui est au-dessus, ce qui n'arrive pas toujours.

C'est ici qu'on commence à voir ces curieuses casemates si remarquées par tous les voyageurs; parce que c'est ici que le coteau se rapproche de la route, ou, pour parler plus juste, que la route se rapproche du coteau; mais il y a long-temps que le voyageur, s'il y a fait attention, a pu les apercevoir de loin, sur l'une comme sur l'autre rive de la Loire.

Ce roc est d'un calcaire tendre, facile à excaver comme à tailler. J'en ai vu un gros quartier détaché; il s'était écroulé pendant une nuit, qui fut pour plusieurs familles une nuit éternelle. J'ai vu rebâtir, ou pour mieux dire, recreuser une nouvelle habitation tout à côté, dans une partie qui ne paraît pas plus solide. Ces funestes accidens, occasionnés par les fissures ou crevasses qui se forment quelquefois dans le roc, sont heureusement très-rares. Quand on se livre à la curiosité de pénétrer dans l'intérieur de ces maisons souterraines, on est étonné de voir quelles ne sont pas aussi humides qu'on pourrait s'y attendre. L'eau n'y pénètre guère par l'infiltration, et quelques parois mêmes y supportent des tentures de papier. La propreté y règne ordinairement, aussi-bien que la salubrité. Les rhumatismes y poursuivraient à coup sûr un citadin. Plusieurs habitans de Tours possèdent cependant de ces maisonnettes : mais ils en font plutôt la demeure de leur jardinier que la leur; comme ils embellissent plus l'extérieur par des terrasses, des berceaux, etc., que l'intérieur par l'ameublement.

Une demi-lieue avant d'arriver à Tours, on laisse à droite les restes de l'antique abbaye de Marmoutiers; il n'en subsiste guère que le magnifique escalier, chef-d'œuvre de hardiesse et de légèreté, construit en 1784, par l'architecte Lenau. Il y a sept rampes et trois étages. En le voyant, on craint d'appuyer sur des marches aussi délicates, et d'entraîner

Iʳᵉ. ROUTE DE PARIS A TOURS.

par la rupture d'une seule la totalité de l'escalier; l'ensemble ayant un besoin évident de toutes ses parties pour se soutenir.

Tours. On arrive par un superbe quai au superbe pont de Tours, construit dans le goût de celui de Neuilli, sur lequel il l'emporte de beaucoup, en ce qu'il est beaucoup plus grand. Il a 222 toises de long sur 7 de large. Nivelé d'un bout à l'autre, il est soutenu par quinze arches, en anses de panier, de 75 pieds d'ouverture chacune. C'est le plus beau pont, non-seulement de la France, mais encore de l'Europe, et le plus beau pont de l'Europe est nécessairement le plus beau de l'univers (*). Tout concourt à la majesté de ce monument; et sa longueur à perte de vue, et sa prodigieuse largeur, et celle de ses trottoirs, des quais qui l'accompagnent, du fleuve qu'il traverse, et la vue admirable dont on y jouit, et les deux belles places qui en embellissent les deux extrémités, enfin l'avenue de la route de Chartres qui y aboutit en ligne droite, et

---

(*) Dans l'intervalle de la rédaction de ce volume à sa publication, a été construit à Londres le fameux pont de Waterloo. Je l'ai vu, et ne l'ai pas trouvé plus beau que celui de Tours. (*V.* ma Route de Paris à Londres, art. *Londres*.)

dont l'alignement continue jusqu'à celle de Bordeaux, en traversant la ville par une des plus belles rues du monde. Rien, à mon avis, de plus noble et de plus riant à la fois que ces quais, cette rivière, ces deux avenues, ce pont et ces deux places. Celle du côté de la ville, est accompagnée de deux promenades charmantes, prolongées à droite et à gauche sur le bord de la Loire, jusqu'à deux cafés élégans qui les terminent.

Deux édifices se présentent vis-à-vis des deux trottoirs du pont, et font l'ornement de la place. L'un est l'Hôtel-de-ville, l'autre n'est encore rien; il n'est pas terminé. C'est entre ces deux bâtimens que s'ouvre la superbe rue droite dont on vient de parler. Tout jusque là nous annonce une des plus belles villes de France ; mais il ne faut pas pénétrer dans l'intérieur, si l'on ne veut pas voir une des plus vilaines. Peu de contrastes, sont aussi frappans. Autant la rue neuve que suit la route est large, élégante et gaie, autant les autres sont étroites, vieilles et tristes.

Cette ville, en donnant dès le premier abord, une brillante idée de sa magnificence, n'en donne pas une avantageuse de sa grandeur, dont les étrangers jugent mal, lorsqu'ils ne font que la traverser par sa belle rue. Ce trajet n'est pas d'un quart de lieue, mais c'est la largeur de la ville, dont la longueur, de plus d'une demi-lieue, s'étend dans la direction opposée, parallèlement à la Loire. La rue la sépare en deux moitiés très-inégales, dont la plus considérable est à droite, du côté du couchant. C'est dans cette dernière qu'était la célèbre abbaye de Saint-Martin, dont les rois de France étaient abbés, et prêtaient leur serment en cette qualité. Il ne reste plus de sa très-ancienne et très-vaste église, que deux tours, dont l'une porte le nom de Charlemagne, à qui on en attribue la construction, l'autre, celui de la Grosse Horloge, parce que l'horloge y était placée. La cathédrale ou église de Saint-Gratien est du côté opposé, dans la partie orientale. C'est un bel édifice gothique, remarquable surtout par les deux tours qui en ornent le frontispice, et par des vitraux bien conservés, mais trop foncés.

Le palais archiépiscopal attenant est un des plus beaux bâtimens modernes de Tours. On peut mettre au même rang celui de la préfecture, qui est du même côté. Toutes les maisons de la rue Neuve, qu'on nomme aussi *rue d'Indre-et-Loire*, sont bâties sur un plan uniforme et dans un très-bon goût. La parfaite blancheur de la pierre de taille, qui en forme les façades, et l'azur de l'ardoise qui en forme les couvertures, concourent pour beaucoup avec le double trottoir qui les borde, à leur beauté, comme à celle de la rue. On voit quelques commencemens de rues nouvelles aboutir à celle-là, ce qui annonce un système général de reconstruction. Il ne peut s'exécuter qu'à la longue, mais, en complétant des travaux d'embellissemens, dont les plus difficiles et les plus dispendieux sont déjà faits, il doit placer un jour cette ville au rang des plus belles cités de France.

Outre les deux promenades que nous avons remarquées à droite et à gauche de la place Joséphine, et où se tiennent les deux belles foires du 10 mai et du 10 août, Tours possède encore une autre belle promenade, celle du Mail, que nous verrons, à notre départ, sur la gauche de la porte et de l'avenue de Bordeaux. Cette avenue, longue d'une lieue, et bordée d'une double allée d'arbres, forme elle-même une très-belle promenade.

Les remparts, les quais, les avenues, le pont même, tout est agréable, tout est promenade à Tours. En parcourant le quai du levant, je me suis arrêté devant un ancien château qui servait de quartier ou de caserne, et dont peu de géographes font mention. C'est celui où fut enfermé Charles de Lorraine, duc de Guise, (fils aîné d'Henri *dit* le Balafré), qui parvint à s'en échapper en 1591, après y avoir resté trois ans.

C'est peut-être aussi celui que Richard Cœur-de-Lion, roi d'Angleterre, fit bâtir à Tours, malgré Philippe-Auguste, et qui, selon Froissard, donna lieu à une guerre sanglante entre ces deux rois ; mais notre conjecture pourrait être contestée par ceux qui savent que Tours est un composé de deux villes, dont l'une, *Cæsarodunum*, ou *Civitas Turonum*, était la partie de l'est qui entoure aujourd'hui la Métropole, et dont l'autre, *Martinopolis,* était celle de l'ouest, qui entourait l'ancienne abbaye de Saint-Martin, et qui fut depuis appelée *Châteauneuf,* nom qu'on présume lui avoir été donné à cause du château ou fort du roi Richard. Cependant, comme cette présomption des historiens n'est pas une preuve, et que Richard pourrait bien avoir bâti le château litigieux dans l'ancienne *Cæsarodunum* aussi-bien que dans l'ancienne *Martinopolis*, nous n'abandonnerons pas la conjecture qui nous a d'abord séduite, jusqu'à ce qu'on nous fournisse la preuve du contraire.

5*

A cette conjecture, fondée ou non, nous en joindrons ou substituerons une autre qui nous paraît l'être davantage : c'est que ce château gothique, dont la partie basse est de construction évidemment romaine, construction qu'on remarque aussi dans certaines parties des anciens remparts, a sans doute été bâti sur les restes de l'antique château, élevé par ordre ou en l'honneur de Jules-César, et que cet antique château a dû donner lieu au nom de *Cæsarodunum*, s'il est vrai que le mot celte *dunum*, qui signifie montagne, mais qui ne peut recevoir cette signification à Tours, où il n'y a aucune montagne ni éminence, soit également applicable à un édifice élevé, à une forteresse, etc., comme le pensent les savans. Je leur soumets cette observation qui semble leur avoir échappé, notamment à M. Millin, dont les yeux n'ont sans doute pas rencontré cette maçonnerie antique, sans quoi elle n'aurait pas manqué de fixer l'attention d'un aussi profond antiquaire.

Voilà l'ancienneté de la partie orientale de Tours prouvée par des faits parlans, car rien ne parle plus clair, en fait d'ancienneté, que les monumens. L'autre partie n'existait pas avant la mort de Saint Martin, arrivée le 8 novembre 397. « Le concours du peuple, qui ve-

Iʳᵉ. ROUTE DE PARIS A TOURS. 69

nait visiter le tombeau de Saint Martin, et son église, bâtie à 500 pas de là, fut cause que plusieurs personnes s'établirent auprès de ce saint lieu, et y formèrent insensiblement une petite ville, qui fut entourée de murailles l'an 901.... Les deux villes, si proches l'une de l'autre, se joignirent par leur accroissement successif, et cette jonction fut approuvée par lettres-patentes du roi Jean, dès l'an 1354. » (*Piganiol de la Force, description de la France, tom. XII, p. 45.*)

Nous ne nous amuserons pas à réfuter le chroniqueur Nicoles Gilles, qui, sur des preuves de lui seul connues, attribue la fondation de Tours à un Turnus, neveu de Brutus.

Rétrogradant vers des temps moins éloignés de nous et moins enveloppés de nuages, nous trouverons que cette ville a été prise par les Visigoths et par Clovis; qu'elle a depuis appartenu successivement aux rois de Neustrie et d'Austrasie, aux comtes de Blois, aux Plantagenets comtes d'Anjou et rois d'Angleterre, dont un, Henri III, la rendit à Saint-Louis. Les états-généraux y ont été assemblés en 1470, 1484 et 1506. Henri III y transféra le parlement en 1589. Louis XI s'y était transféré lui-même plus d'un siècle auparavant, et il y mourut dans son château du Plessis-les-Tours en 1483, au milieu des terreurs qui sont les compagnes inséparables du despotisme, et les vengeresses de ses victimes. On y montre encore la chambre où il mourut, et celle où fut enfermé le cardinal *La Balue;* elles n'offrent aux curieux d'autre intérêt que ces souvenirs historiques.

Cet ancien château est à un quart de lieue de la ville. J'ai eu de la peine à le découvrir au milieu des champs, où l'on est obligé de le chercher, et plus encore à le reconnaître dans l'état où il est aujourd'hui. Cette demeure royale n'est plus qu'une grande ferme, qui ne vaut pas la peine qu'on prend pour l'aller voir.

Si la France eut à se plaindre de Louis XI, la ville de Tours eut à s'en louer. Elle dut à ce prince, qui lui montra toujours une prédilection marquée, l'état de splendeur auquel la portèrent ses manufactures de soie. Ce fut lui qui fit venir à grands frais de l'Italie, de la Grèce même, les plus habiles ouvriers en soieries, et ce fut à Tours qu'il les fixa. Le règne brillant, quoique fécond en revers, de François Ier., et les jours de luxe dont brillèrent, par intervalles, les règnes des trois derniers Valois, soutinrent, accrurent même l'éclat de cet établissement. Sous le ministère de Richelieu on comptait, à Tours seulement, au delà de 20,000 ouvriers en soierie, et 40,000 personnes occupées tant dans la ville que dans la campagne, à la dévider et à l'apprêter.

Insensiblement, la ville de Lyon, plus favorisée par le climat, par la position et par le gouvernement, prit le dessus sur celle de Tours, qui, dépeuplée d'ailleurs par l'édit de Nantes, fut obligée de céder à une aussi puissante rivale; et il ne reste plus rien de ce genre d'industrie, qui rapportait encore, au commencement du dix-septième siècle, plus de dix millions. La chute de la soierie fut suivie de celle de la tannerie; et une population de 60,000 âmes, réduite bientôt à la moitié, aujourd'hui à un tiers.

Les soieries, notamment celles qui sont connues sous le nom de *Gros de Tours*, constituent cependant encore le principal commerce de cette ville, moins comme manufacture que comme entrepôt. Le peu de fabricans qui s'y sont soutenus tirent la soie de Lyon, car le mûrier, cet arbre précieux dont la feuille fournit, comme on sait, la nourriture des vers à soie, est aussi rare aujourd'hui dans ce territoire qu'il y était multiplié autrefois. A ce commerce déchu, mais qui paraissait vouloir se ranimer lors de mon dernier passage, se joint celui de l'entrepôt des laines et de la fabrication des cuirs. Les fruits tapés en font aussi partie, mais sont un objet peu important. Les fameux pruneaux de Tours viennent bien moins de Tours que de Saumur. Les deux foires du 10 mai et du 10 août, dont nous avons parlé, durent 10 jours, et sont assez considérables. Il y a une chambre et un tribunal de commerce, indépendamment du tribunal civil.

Cette ancienne capitale du pays des *Turones*, sous les Gaulois, et de la province de Touraine, sous la monarchie française, jusqu'à la révolution, est aujourd'hui le siège de la préfecture d'Indre-et-Loire ; c'est aussi celui d'un archevêché. Il y avait autrefois un célèbre hôtel des monnaies, qui a donné son nom aux *livres tournois*, dont plusieurs personnes ignorent l'origine, mais dont tout le monde connaît et l'usage et la valeur. La réduction du grand commerce que faisait cette ville a entraîné celle des grandes fortunes qu'elle renfermait. Il y a cependant encore nombre d'équipages et de voitures de toute espèce.

Les voyageurs y trouvent d'excellentes et nombreuses auberges, et un bel établissement de bains publics.

Elle possède un petit jardin de botanique,

un muséum de peinture et une bibliothèque de 40,000 volumes, bien poudreux, parmi lesquels sont beaucoup de bouquins et quelques manuscrits rares. On y remarque diverses *Bibles*, toutes les *polyglottes*, et un *Evangile* manuscrit, en lettres d'or, sur lequel les rois de France prêtaient leur serment comme abbés de Saint-Martin. Ces deux derniers établissemens sont réunis dans la maison de l'ancienne intendance.

Cette ville a vu naître, entre autres grands-hommes, le cardinal d'Amboise, sage et vertueux ministre du sage et vertueux Louis XII; le célèbre avocat au parlement de Paris, Mornac, à la fois jurisconsulte et poëte, mort en 1619; le graveur Abraham Bosse, auteur de trois *Traités sur l'architecture, la gravure et la peinture*, mort en 1660; le jésuite prédicateur Brétonneau, né la même année; le jésuite Rapin, connu par son talent pour la poésie latine; l'infatigable traducteur du 17e. siècle, l'abbé de Marolles; le Molière du 18e., Néricault Destouches; le célèbre professeur d'histoire, Jacques Hardion; le fameux horloger Julien Leroi, qui, le premier en France, parvint à égaler, dans son art, à surpasser même les Anglais, et dont le fils reçut de Voltaire ce compliment aussi flatteur que spirituel : « Le maréchal de Saxe et votre père ont battu les Anglais »; enfin, la fameuse Gabrielle d'Estrées, la plus belle des maîtresses de Henri IV. M. Bouilli, qui enrichit aujourd'hui la scène française, ainsi que la littérature de divers bons ouvrages, est de Tours. Un de ses compatriotes et de ses amis, qui suit la même carrière, a pris, dit-on, le nom de *Rôti ;* mais ce *rôti* n'a pas encore obtenu dans nos banquets poétiques la célébrité du *bouilli* dont il voulait sans doute être le rival.

Parcouru de Paris jusqu'à Tours. . . . . . . 58½ lieues.

FIN DE LA PREMIÈRE ROUTE DE PARIS A TOURS.

DEUXIÈME ROUTE
DE PARIS A TOURS,
Par Versailles et Chartres.

58 lieues.

lieues.

§ *De Paris à Versailles*............. 4½

LES nombreux voyageurs qui vont de Paris à Versailles ne savent pas tous, que jusqu'à Sèvres ils ont à choisir entre deux routes, dirigées, l'une sur la rive droite, l'autre sur la rive gauche de la Seine. La première, et la seule que connaissent la plupart d'entre eux, part du quai des Tuileries, où sont stationnés les cabriolets si fréquentés de Versailles, et sort par la barrière des Bons-Hommes, en côtoyant, à gauche la Seine, à droite, d'abord les Champs-Elysées, ensuite les deux villages de Chaillot et de Passy, l'un avant, l'autre après la barrière (*).

(*) Chaillot n'est plus un village depuis que Louis IV l'a érigé en faubourg de Paris ; il l'est encore moins aujourd'hui, qu'il a été enclavé dans les murs de cette Capitale. Cependant la force de l'habitude lui a conservé

Tous les deux règnent en amphithéâtre sur la route, qu'ils bordent agréablement, tantôt de leurs façades, tantôt de leurs jardins en amphithéâtre. A l'entrée du premier, s'élève la pompe à feu qui alimente les fontaines de Paris : à la sortie s'étendent de vastes décombres qui couvrent tout le flanc de la colline. L'étranger se demande si cette partie de Chaillot a été consumée par un incendie ou ruinée par la guerre : il apprend qu'elle a été détruite par Buonaparte, pour faire place à un palais fastueux, baptisé d'avance, *Palais du Roi de Rome*. L'emplacement qu'il devait occuper va être traversé par un chemin de communication qui conduira du plus beau pont à la plus belle avenue de Paris. Le pont est celui des Invalides, auparavant d'Jéna, qu'on longe à gauche, et l'avenue celle des Champs-Elysées, qu'on laisse à une petite distance à droite.

---

toujours le titre de village. Est-ce beaucoup plus ridicule que d'appeler encore faubourgs des quartiers qui, pour l'avoir été jadis, n'en sont pas moins aujourd'hui, non-seulement dans l'enceinte, mais dans le cœur même de la Capitale, comme, par exemple, la rue Dauphine, qui, bien qu'au nombre des plus populeuses, des plus marchandes, et presque des plus centrales de Paris, n'est pourtant pas dans Paris, mais dans le faubourg Saint-Germain.

IIe. ROUTE DE PARIS A TOURS.

Chaillot possède une fabrique d'eaux minérales purgatives, perfectionnées par MM. Puzin et Rivet. Cet établissement est, pour la boisson, ce qu'est, pour les bains et les douches, celui des eaux minérales factices que MM. Caillat, frères, ont joint depuis peu à leur vaste et bel établissement des bains Saint-Sauveur, rue Saint-Denis, et ce qu'est encore, autant pour la boisson que pour les bains et les douches, celui de Tivoli, le plus ancien, en même temps que le plus considérable et le plus beau de tous les établissemens de ce genre, comme celui de la rue Saint-Denis est le plus considérable et le plus beau de tous les bains de propreté (quoiqu'il soit, par parenthèse, celui de tous où l'on se baigne au meilleur marché.)

Passy renferme aussi des eaux minérales purgatives, mais naturelles. Elles sont salino-ferrugineuses, et divisées en anciennes et nouvelles, par deux sources dont le double établissement est au pied de la colline, tout près de la route. L'un des deux est accompagné d'un jardin anglais, où se promènent les buveurs, et tous les deux d'une raffinerie de sucre, qui n'a rien de commun ni avec l'un ni avec l'autre, le hasard seul a fait le rapprochement.

Outre ces deux genres d'établissemens, l'un

sanitaire, l'autre commercial, ce village possède encore des filatures de coton. Peuplé d'environ 2400 habitans en été, et de 1800 en hiver, il n'est pas moins remarquable que Chaillot, par sa position également en amphithéâtre sur la même rive de la Seine, et par ses jolies maisons de plaisance, au nombre desquelles se distinguent celle de M. Fulchiron, et le château de M. de Boulainvilliers, appartenant aujourd'hui à M. Cabanes, notaire de Paris.

A la suite de ce village, séparé de Chaillot par les barrières, est celui d'Auteuil, séparé de la route par des prairies, des vergers et des bosquets. Ce dernier, attenant au bois de Boulogne, est peuplé de cinq à six cents habitans, et rempli, comme les deux précédens, de maisons de campagne. Quelques-unes ont été habitées par les hommes de lettres les plus célèbres des deux derniers siècles. Qui ne connaît celle de Boileau, dont le jardin et le jardinier ont été chantés par ce célèbre propriétaire, dans sa onzième épître?

« Laborieux valet du plus commode maître,
Qui, pour le rendre heureux, ici-bas pouvait naître,
Antoine, gouverneur de mon jardin d'Auteuil,
Qui diriges chez moi l'if et le chevrefeuil, etc. »

Molière et Lafontaine avaient aussi une habitation dans ce village, dont le site, extrêmement champêtre et solitaire, semble avoir eu toujours de l'attrait pour les littérateurs et les savans (*). Plus récemment, il a été habité par Francklin, Helvétius, Condorcet, Cabanis et autres.

On remarque sur la place qui est devant l'é-

(*) Les hommes un peu instruits des anecdotes littéraires, ont sans doute entendu parler du fameux souper fait à Auteuil, qui se termina par un événement plus vrai que vraisemblable. Le vin jeta tous les convives, au nombre desquels étaient Boileau, Molière, Chapelle et La Fontaine, de la joie la plus immodérée dans la morale la plus sérieuse. Les réflexions sur les misères de la vie, et sur cette maxime peu consolante de quelques sophistes anciens, que *le premier bonheur est de ne point naître, et le second, de mourir promptement*, leur fit prendre une résolution extravagante ; ils se déterminèrent à aller se jeter dans la rivière, qui n'était pas loin. Cette folie allait se consommer, lorsque Molière leur représenta qu'une si belle action ne devait pas être ensevelie dans les ténèbres, et qu'elle méritait d'être faite en plein jour, à la face de tout Paris. Cette plaisanterie les arrêta dans leur beau dessein, et Chapelle dit en riant : Oui, Messieurs, ne nous noyons que demain matin, et en attendant, allons boire le vin qui nous reste. On sent bien que le jour suivant changea leurs idées. (Dict. Hist. de MM. Chaudon et Delandine, art. *Chapelle*.)

glise, un obélisque élevé à la mémoire du chancelier d'Aguesseau et d'Anne Lefevre d'Ormesson, son épouse, enterrés en cet endroit, ancien cimetière du village. Ce monument, détruit dans la révolution, a été rétabli depuis.

A très peu de distance d'Auteuil la route traverse le hameau du *Point du Jour*, qui renferme une filature de coton. Au bout de ce hameau on laisse à droite l'avenue du bourg de Saint-Cloud, dont on voit devant soi, à une demi-lieue de distance, le parc et le château, sur la colline qui se prolonge jusqu'à Sèvres, où vient se terminer le parc, et où elle se termine elle-même. Elle se relève à gauche, pour se perdre dans un lointain moins étendu que pittoresque, où dominent les deux châteaux de Bellevue et Meudon.

Le premier, que fit bâtir, au milieu du siècle dernier, madame de Pompadour, qu'acheta son royal amant peu d'années après, et qu'habitaient, à l'époque de la révolution, Mesdames de France, n'existe plus qu'en partie ; mais il conserve toujours le charme que les nouveaux propriétaires n'ont pu lui enlever, celui de la belle vue d'où il tire son nom. Le second, bâti pour le Dauphin, fils de Louis XIV, compte toujours au nombre de nos jolies maisons royales, par l'élégante simplicité de son architecture, ainsi que par l'agrément de sa position, la magnificence de sa terrasse et l'ordonnance de son parc. Il faut convenir cependant que ce n'est pas la dimension ordinaire des châteaux de nos rois ; c'est moins un palais qu'une maison de campagne. Il n'en était pas de même de l'ancien château, qu'avait fait construire le cardinal de Lorraine, sur les dessins de Philibert Delorme : c'était un des plus beaux de France. Il fut incendié dans la révolution, par l'imprudence d'un des ouvriers employés à la fabrique des machines de guerre qu'y avait établie la Convention.

Le bourg de Meudon est placé sous le château. Il renferme une population de 13 à 1400 habitans, non compris les hameaux en dépendant, qui la portent à 2200. Ce bourg se glorifie de compter au nombre des anciens pasteurs de son église, le fameux Rabelais.

Directement en face du voyageur, s'élève en perspective, au milieu d'un bouquet d'arbres, sur une éminence qui s'élève elle-même au milieu du bourg de Sèvres, la jolie maison de plaisance appelée *butte de Coaslin*, nom de la famille qui l'a fait bâtir.

La route que nous suivons offre d'agréables

points de vue, sur la rive gauche de la Seine, où domine le château de Vanvres. Après s'être un peu éloigné de ce fleuve, elle le franchit à Sèvres, sur un fort beau pont en pierre de taille, nouvellement construit. Du haut de ce pont, on voit à gauche, dans l'île Séguin, qui porte le nom de son opulent propriétaire, la fraîche habitation et les frais bosquets qu'elle renferme; mais ce séjour, des plus délicieux en été, est des plus incommodes en hiver par son humidité, et quelquefois des plus dangereux par la crue des eaux.

La seconde route part du faubourg St.-Germain, et sort par la barrière de Vaugirard; traversant ensuite le triste village et la triste plaine de ce nom, elle laisse à gauche, vers le milieu de la distance, le château de Vanvres, dont elle longe le parc. Cette ancienne propriété du petit-fils du Grand Condé, appartient aujourd'hui au collége de Louis-le-Grand. C'est un simple pavillon isolé, construit en pierre de taille, et sans aucun ornement d'architecture, quoique sur les dessins du célèbre Mansard. Il produit plus d'effet de loin que de près, par sa situation en belvéder, sur le bord du plateau qui domine au sud la vallée de la Seine; cette situation fait son principal agrément, tant par la vue des plaines qu'arrose, et des coteaux que baigne cette sinueuse rivière, que par les belles terrasses et le joli parc qui occupent le penchant de la colline dont il occupe le sommet.

Le village de Vanvres, situé au-dessous, et à une petite distance du château, renferme une population d'environ 1800 habitans. Il est célèbre dans les fastes des tribunaux, par le procès de l'âne de Jacques Féron contre l'ânesse de Pierre Leclerc (*), Vanvres est recomman-

---

(*) Ce comique procès nous a paru si joyeusement raconté par M. Dulaure, dans les environs de Paris, que nous croyons faire plaisir à nos lecteurs en le mettant ici sous leurs yeux.

« Des mœurs irréprochables, une vie exemplaire, un caractère de douceur, de modestie étaient les qualités estimables que chacun reconnaissait depuis douze ans dans l'âne de Féron. L'ânesse de Leclerc, au contraire, semblable à ces femmes dont la Capitale est inondée, ne connaissait, depuis long-temps, ni cette innocence, ni cette aimable pudeur qui convient si bien à son sexe. Sa conduite scandaleuse, fruit d'une éducation abandonnée, la faisait regarder de tout le monde comme une ânesse de mauvaise vie; mais elle était belle, et la beauté de son corps cachant les défauts de son âme, lui attirait toujours de nouveaux courtisans. L'âne de Féron se trouva par hasard sur le chemin de la dangereuse ânesse de Leclerc, il ne la cherchait pas; elle fit les premières avances, comme à son ordinaire, et mit en usage toutes les ressources de la coquetterie; sa voix retentissante annonça ses désirs au

dable aussi par le titre de *Seigneur de Gonesse et de Vanvres*, que prenait François Ier., dans ses lettres à Charles-Quint, pour tourner en ridicule la longue liste de titres que cet empereur prenait dans les siennes.

Laissant ce village à une très-petite distance, sur la gauche, le voyageur traverse dans sa

---

voisinage; l'âne en fut ému. Il est des momens dans la vie où la vertu la plus éprouvée, les principes les plus sévères cèdent aux attraits de la séduction, moment fatal à l'innocence de notre sage à longues oreilles. Il rompt avec effort le licou qui l'attachait, et oubliant son maître, qui est près de là, et son devoir, il suit la belle ânesse, sur laquelle était montée la femme Leclerc. Malgré la violence de ses feux, il n'osa encore rien entreprendre, preuve de sa modération; mais à peine la femme Leclerc eut-elle sautée à bas de son ânesse, que notre âne amoureux la remplaça. Cette femme Leclerc, qui n'avait pas empêché l'âne de Féron de suivre son ânesse, voulut s'opposer au bonheur de tous deux; elle saisit un bâton et frappe à coups redoublés sur les oreilles et le dos de l'âne. L'âne et l'ânesse se plaignent en leur langage qu'on trouble leurs plaisirs, et pendant ce débat, la femme Leclerc s'aperçoit qu'elle a été mordue au bras; elle s'empare de l'animal et l'emmène. Féron, inquiet de son âne, le cherche; la femme Leclerc le retient, et après l'avoir gardé quelque temps, lui demande la somme de 1500 livres de dommages et intérêts, et vingt sous par jour pour la nourriture dudit âne. Le procès se poursuit, c'était au

longueur celui d'Issy, peuplé de 1200 habitans, et connu dans le monde savant, par l'étymologie de son nom, attribué à un temple de la déesse Isis, dont on verrait encore quelques restes dans les souterains de la maison qu'y possède le séminaire de Saint-Sulpice, si l'on voulait s'en rapporter aux auteurs. Ces restes

---

mois de juillet 1750; on fait de part et d'autre des enquêtes; le curé et les habitans de Vanvres donnent, en faveur de l'âne de Féron, le certificat suivant, qui atteste la bonne réputation dont il jouissait dans le pays :

« *Nous, soussigné, prieur-curé, et habitant de la paroisse de Vanvres, avons connaissance que Marie-Françoise Sommier, femme de Jacques Féron, avait un âne, depuis quatre ans, pour le service de leur commerce; et que pendant tout le temps qu'ils l'ont eu, personne ne l'a connu méchant, et n'a jamais blessé personne, même pendant six ans qu'il a appartenu à un autre habitant, qu'aucun ne s'en est jamais plaint, ni entendu qu'il ait fait des malices dans le pays; en foi de quoi, nous soussignés, lui avons délivré le présent témoignage à Vanvres, ce 19 septembre 1750. Signé, Pinteuil, prieur-curé de Vanvres, Jérôme Patin, Claude Jaunet, Louis Ritoré, Louis Sanlis, Claude Carbonne.* »

« Ce singulier certificat, et cette plaisante contestation amusèrent, dans le temps, beaucoup de monde, et permirent aux plumes des jurisconsultes de s'égayer.

« Et Thémis quelquefois se permit de sourire. »

doivent être bien peu apparens, puisqu'ils sont ignorés du concierge de la maison, qui, à défaut du supérieur, occupé à dîner lorsque je me suis présenté pour prendre mes informations, m'a déclaré qu'il ne connaissait rien de semblable dans les caves du séminaire, dont la porte lui était confiée depuis nombre d'années. Le curé à qui j'ai voulu m'adresser ensuite, comme devant être plus instruit qu'un autre sur ce qui concerne le culte ancien et moderne de son village, venait de sortir après son dîner. Le maire, chez qui je m'étais présenté auparavant, pour avoir sur sa commune les renseignemens dont j'avais besoin, venait de partir pour Paris. Le chef d'une pension attenante, à qui je crus pouvoir recourir dans mon embarras, comme à un homme de ressource en fait d'*instruction*, était à la promenade; enfin le propriétaire actuel du beau château du prince de Conti, M. de l'Épine, directeur de la monnaie de Paris, était à ses fonctions.

Ainsi j'ai été obligé de prendre, où j'ai pu, les renseignemens pour lesquels je m'étais rendu tout exprès à Issy comme à Vanvres, où j'ai trouvé également un château sans propriétaire, le proviseur d'un lycée ne peut habiter la campagne; un presbytère sans curé, on en attendait un qui n'était pas encore arrivé; et une municipalité sans maire, il venait de partir pour je ne sais où. Il a bien fallu partir aussi moi-même, pour continuer mon excursion jusqu'à Sèvres, qui en devait être le terme.

Mais que le lecteur, dont l'indulgence me pardonnera sans doute cet exposé confidentiel, quoique un peu épisodique, des petites peines qu'il me cause, peines qui, malheureusement, se sont renouvelées bien des fois dans le cours de mes voyages, ne croie pas que je m'en sois tenu là pour les renseignemens qui l'intéressent, et qui doivent m'intéresser aussi par cette raison. Les propriétaires des deux châteaux d'Issy et de Vanvres n'ont pu m'échapper à Paris, où j'ai mis à contribution leur obligeance et leur savoir, concernant leurs villages. Il en est résulté, outre ce que j'en ai dit déjà, que les vestiges du temple d'Isis n'existent plus que dans les auteurs qui en parlent, et que le seul édifice ancien dont on voit encore quelques restes, est le palais de Childebert, en face de l'église paroissiale d'Issy.

Quant aux édifices modernes, ces villages n'en offrent d'autres que leurs deux châteaux. Si celui d'Issy est un peu inférieur, sous le rapport du site, à celui de Vanvres, qui domine davantage la vallée, il lui est bien supérieur par sa beauté réelle, quoique d'un architecte moins célèbre que Mansard; c'est Pierre Bullet, dessinateur de la porte Saint-Martin, et l'un des élèves du célèbre François Blondel, dessinateur de celle de Saint-Denis.

La route devient aussi agréable après Issy, qu'elle est triste auparavant. Dominée à gauche par un joli coteau, elle domine elle-même à droite une tout aussi jolie plaine, que bordent en vaste fer à cheval, les collines inégales et boisées de Meudon et de Saint-Cloud, les coteaux rians et animés de Chaillot et de Passy, le bois de Boulogne et les Champs-Elysées, et la butte Montmartre et Paris. On ne tarde pas à cotoyer à gauche le pied de la colline de Meudon, mais sans voir le château qui la couronne, ensuite à droite, la Seine, qui se rapproche de la route, à Moulineau, où l'on passe entre la ferme et la maison de campagne de M. Bresson, qui a succédé dans cette agréable propriété au prince de Neufchâtel.

On longe, au pied du coteau, des carrières et fabriques de blanc d'Espagne, regardées comme les plus belles de France, ainsi que la fameuse verrerie des bouteilles de Sèvres, avant de rejoindre dans le bourg même de ce nom, la première route que nous avons quittée, après l'avoir suivie jusque là, pour nous transporter sur la seconde.

Ce bourg, situé au fond de l'espèce de gorge qui sépare la colline de Meudon de celle de Saint-Cloud, est peuplé de plus de 3000 habitans, et renommé par sa manufacture royale de porcelaine, la plus perfectionnée de l'Europe. Nous en reparlerons bientôt en longeant le vaste bâtiment où elle est établie. Sèvres renferme, avec un assez grand nombre de maisons de campagne, un plus grand nombre d'auberges et de guinguettes où font leur halte les voitures de Paris à Versailles. On y montre de fort belles caves taillées dans le roc, et remarquables par leur étendue. Ce sont d'anciennes carrières. La principale est la *cave du Roi*, divisée en trente parties, et contenant jusqu'à 15,000 pièces de vin.

Le passage de la grande route de Versailles, et le blanchissage du linge, sont les véritables ressources des habitans de ce bourg. La rue par laquelle on le traverse longe pendant quelque tems à droite les grilles et les murs du parc de Saint-Cloud, auquel, en conséquence, on se rend également par Saint-Cloud comme par Sèvres.

Une magnifique plantation d'ormes qui aboutit d'un bourg et d'une grille à l'autre, occupe la partie basse de ce parc, séparée de la rivière par un chemin de communication servant pour les voitures et pour le hallage. Cette partie est composée de vastes boulingrins coupés entre eux par diverses allées dont les arbres sont d'une aussi belle verdure que les frais gazons qu'ils ombragent.

C'est la plus fréquentée par les promeneurs, tant parce qu'elle est la première qui se présente, que parce qu'elle est la plus agréable et la plus commode à parcourir. Mais la plus agréable à voir comme la plus pittoresque, est la partie haute, ou plutôt le coteau boisé qui la sépare de la partie basse. Couvert de bouquets d'arbres, distribués avec un art habilement déguisé, ce coteau offre de superbes masses de verdure, des escarpemens continuels et des asiles délicieux, tout cela du ton le plus sauvage et le plus voisin de la nature.

Au milieu de ces aspérités et de ces ombrages, se présente à l'admiration la belle cascade de Saint-Cloud, dont les eaux se jouent en se précipitant dans des bassins étagés les uns sur les autres, et creusés en forme de conques, avec autant de goût que de magnificence. Ils sont accompagnés d'une foule d'ornemens, tels que rocailles, statues de marbre et figures en plomb, représentant des dauphins et d'énormes grenouilles qui jettent au loin une grande abondance d'eau. C'est au bas de cette cascade, ou plutôt de ces cascades, que s'élance à plus de cent pieds, du milieu d'un bassin, le fameux jet d'eau qu'on a baptisé le *jet géant*, à cause de sa grande projection.

La partie haute du parc, cachée derrière le beau rideau de verdure d'où se précipitent les eaux de la cascade, ne présente pas le même genre d'agrément que la partie basse ; ce sont de spacieuses pelouses, mais moins fraîches, et de longues allées à perte de vue, mais composées d'arbres moins vigoureux. Le bord du plateau offre un terre-plein, appelé *la Balustrade*, d'où l'on découvre un immense point de vue embrassant, avec les longs circuits de la Seine, toute l'étendue de la Capitale, et une grande partie des campagnes qui l'environnent.

La tour qui s'élève avec hardiesse dans les airs du haut de cette plate-forme, offre la même perspective, mais avec plus d'étendue, et d'une manière plus distincte ; vue de très-loin, elle forme elle-même un charmant point de vue au milieu des bois qui entourent sa base. Cette tour, carrée, où l'on monte par un escalier en spirale, est surmontée d'une copie en terre cuite du joli monument d'Athènes, connu sous le nom de *Lanterne de Démosthène*, et non de *Diogène*, comme le dit le vulgaire. C'est Buonaparte qui la fit élever en 1801, pour y placer ce monument, exécuté d'après les plâtres qu'apporta M. de Choiseul au retour de sa célèbre et savante ambassade à Constantinople.

L'ensemble de ce parc, dont une partie, close pour les promenades particulières des Princes et du Roi, renferme de belles terrasses, de beaux groupes, de belles statues et une belle orangerie, décèle partout le talent de l'ingénieur Le Nôtre, qui a su tirer parti de l'irrégularité du terrain, pour produire des effets plus variés et plus pittoresques. Il en résulté, sinon le plus beau, du moins le plus agréable de tous les parcs qui décorent les environs de Paris.

Le château dont il dépend est justement admiré, tant par l'agrément de sa situation, que par l'élégance de son architecture : je ne connais pas de maison royale qui présente un aspect plus riant. Ce n'est point la vaste et pompeuse magnificence du palais de Versailles, ni le style noble et pur de celui de Compiègne;

IIe. ROUTE DE PARIS A TOURS.

c'est de la richesse sans faste, et de la grâce sans prétention. Il consiste en une façade principale, et deux ailes en retour, embrassant une cour carrée, dont le quatrième côté, formé par une balustrade, règne en terrasse sur le parc, et offre la perspective que nous a déjà offerte la tour de la Lanterne. Trois portiques corinthiens supportent le fronton des trois pavillons qui décorent, l'un le milieu de la façade, et les deux autres l'extrémité de chaque aile latérale. Les intervalles sont ornés de reliefs et de statues.

L'avenue de ce château, pratiquée sur le penchant de la colline, entre le bourg qui est à droite et le parc qui est à gauche, annonce noblement sa royale destination; mais la grille à laquelle elle aboutit n'est point placée, comme elle semblerait devoir l'être, vis-à-vis de la façade, qui aurait perdu, si on l'eût tourné ainsi, la perspective de Paris, à laquelle ce château doit le principal mérite de son heureuse exposition.

Cette maison royale a été fondée par le duc d'Orléans, frère de Louis XIV, sur l'emplacement de l'ancien château de Gondi, où le roi Henri III fut assassiné par le fanatique moine Jacques Clément. Plusieurs habiles architectes y ont été employés ; à leur tête est le célèbre Mansard. Elle a été achetée, peu avant la révolution, par la reine Marie-Antoinette. Ce que l'intérieur offre de plus curieux, est la galerie peinte par Mignard, et le salon de Mars, dont le plafond a été peint par le même ; mais dont le plus bel ornement consiste dans les quatre superbes colonnes de marbre qui le décorent. Les tableaux sont peu nombreux dans ce château ; mais bien choisis.

Le bourg de Saint-Cloud, peuplé de 1800 habitans, est situé comme le château, sur le penchant d'une colline, et rempli comme Sèvres, de maisons de campagne, de guinguettes et de cafés. Son nom, au commencement de la monarchie, était *Novigentum*. Le plus jeune des enfans de Clodomir, roi d'Orléans, Clodoalde, petit-fils de Clovis et de Sainte Clotilde, s'étant retiré dans ce lieu pour se soustraire aux fureurs de ses deux oncles, Clotaire et Childebert, qui venaient de massacrer ses deux frères aînés, y fit bâtir un monastère dans lequel il se renferma, après s'être rasé lui-même ; et il y vécut en odeur de sainteté jusqu'à sa mort. Des miracles opérés sur son tombeau le firent canoniser, et ce bourg en prit le nom de Saint-Clodoalde, dont on a fait Saint-Cloud.

Le monument de ce saint, et celui d'Henri III, que renfermait l'église de ce bourg, ont disparu avec elle, aussi-bien que les inscriptions qui les accompagnaient. Cette église, menaçant ruine depuis long-temps, fut démolie peu avant la révolution, par ordre de la reine Marie-Antoinette, qui en fit de ses propres deniers, et sur un plus beau plan, commencer une nouvelle, restée au point où la révolution l'a surprise.

Il se tient tous les ans à Saint-Cloud, une foire de trois semaines, qui commence le premier dimanche après le 7 septembre. Elle y attire, tant ce dimanche que les deux suivans, une partie de la population de Paris.

Regagnant le bourg de Sèvres au point où nous l'avons quitté, nous allons le parcourir par sa longue rue, qui se compose presque en entier de trois groupes formant un trajet de près de trois quarts de lieue, compris les intervalles qui les séparent.

Vers le tiers de ce trajet, on longe et domine à gauche, au pied de la colline opposée à celle que cotoie la route, la façade d'un édifice aussi imposant par sa grandeur que noble pour son architecture : c'est la manufacture de porcelaine, si célèbre sous le nom de manufacture royale de Sèvres. Cet immense édifice fut bâti au milieu du siècle dernier, par les fermiers généraux, premiers entrepreneurs de la manufacture, et acheté par Louis XV, à la sollicitation de madame de Pompadour.

On y montre une collection complète de toutes les porcelaines étrangères, et des matières premières qui servent à leur fabrication ; une autre collection de toutes les porcelaines, faïences et poteries de France, ainsi que des terres qui entrent dans leur composition ; enfin, une troisième collection des modèles de vases, d'ornemens, de services, biscuits, figures, statues, etc., qui ont été faits dans la manufacture, depuis sa création.

La beauté, la richesse, la magnificence de ses produits, qui firent sa renommée avant la révolution, firent son malheur, pendant cette désastreuse époque, qu'elle a cependant traversée sans y succomber. Elle a pris un nouvel éclat, et acquis une nouvelle perfection, par les soins de M. Brogniart, savant distingué, directeur actuel de cet établissement.

A la sortie de Sèvres, on longe à gauche un grand bâtiment, semblable à une ferme, qu'on assure avoir été une maison de chasse d'Henri IV, et en face, à droite, un autre bâti-

IIe. ROUTE DE PARIS A TOURS.

ment encore moins apparent, qu'on dit avoir appartenu à Sully. Le dernier des trois groupes de maisons qui se succèdent dans le trajet de Sèvres, ne dépend point de cette commune, mais de celle de Chaville, village qu'on laisse à gauche.

La route, moins agréable et moins roulante après Sèvres, est plus variée et plus pittoresque; c'est qu'elle devient montueuse comme la contrée bocagère qu'elle traverse dans cette partie, et qui prend quelquefois un caractère sauvage, formant un contraste parfait avec la circulation continuelle des voitures qu'on rencontre à chaque pas, et plus encore avec la proximité de Paris et de Versailles.

Un quart de lieue au-delà des dernières maisons de Sèvres, on traverse le hameau de Viroflai où vivait il y a peu d'années, dans une maison qu'on montre à droite, un forgeron centenaire, qui a continué de travailler à sa forge jusqu'à 110 ans, avec un fils nonagénaire.

Plus loin, tout près de Versailles, on laisse à droite le grand, à gauche le petit Montreuil, double village aujourd'hui réuni à cette ville, dont il est considéré comme un faubourg. Il possède une belle église, celle de Saint-Symphorien, bâtie dans le goût antique, et de charmans jardins, ceux de madame la princesse de Guéméné, qui ont inspiré à l'abbé Delille ce joli vers :

« Les Grâces, en riant, dessinèrent Montreuil. »

Dans la même partie de route, on longe à gauche un vaste clos, où les voyageurs remarquent avec curiosité la grande quantité de lièvres dont il est peuplé. C'est une prairie destinée au pâturage des chevaux de chasse et de cavalerie réunis à Versailles.

Versailles. L'avenue de cette ville conduit, en tournant de gauche à droite, à celle du château, qui est de la plus grande magnificence, et par sa majestueuse largeur, et par les deux majestueuses allées qui la bordent. Elle traverse la ville, depuis l'extrémité orientale par laquelle nous arrivons, jusqu'à la place d'armes qui occupe le devant du château, situé à l'extrémité opposée.

Deux autres avenues latérales, presque aussi larges et non moins belles, celles de Sceaux et de Saint-Cloud, viennent diagonalement aboutir à la même place.

Le seul nom de Versailles annonce, avec une des plus belles villes de France, le plus beau palais de l'Europe, et cet abord répond à toute l'idée qu'on s'en est faite; mais à mesure qu'on

IIe. ROUTE DE PARIS A TOURS.

approche du château et qu'on le distingue mieux, on éprouve un étonnement progressif de ne voir qu'un édifice ordinaire, construit en briques, et bien inférieur à sa renommée. Cependant les regards parcourent avec quelque intérêt ce monument du règne de Louis XIII, plus extraordinaire qu'il n'est imposant. Il consiste en une très-courte façade principale, et deux longues ailes en retour, terminées par deux bâtimens qui, construits dans un style plus moderne, en pierre de taille, présentent à leurs extrémités deux jolis portiques d'ordre corinthien (*).

Les deux ailes se composent de divers corps de logis, placés l'un à la suite de l'autre, mais non sur la même ligne, puisque chacun déborde sur celui qui le suit, de manière que la cour qui les sépare va se rétrécissant à mesure qu'elle approche de la façade principale, où elle ne forme plus qu'un très-petit carré, pavé en marbre, et nommé par cette raison, *la cour de marbre*. Les ornemens multipliés, les groupes, et les statues qui décorent ou couronnent cette triple façade, en font à peu près l'unique beauté.

(*) Un de ces deux nouveaux bâtimens n'est pas encore terminé au moment de la publication de ce volume.

Tel est le château de Louis XIII, que le maréchal de Bassompière appelait le *chétif château de Versailles*. Il diffère autant de celui de Louis XIV que ces deux rois différaient entre eux. On aurait presque la mesure des deux règnes, en les jugeant par ces deux ouvrages, qui peuvent servir en quelque sorte d'échelle de comparaison ; et peut-être est-ce dans cette orgueilleuse vue que le *Chétif Château*, a été conservé.

Les yeux peu satisfaits du vieux palais de Louis XIII cherchent celui de Louis XIV, et le cherchent en vain de ce côté, où l'unique objet qui les captive est le joli vaisseau de la chapelle du Roi. Elle s'élève à droite de la façade que nous venons de décrire. Sa hauteur imposante, l'éclat et la richesse de son comble doré, une foule de figures et de groupes en relief, enfin une architecture du grand style, annoncent un des chefs-d'œuvre du grand siècle.

Si les premiers regards se portent vers cette église, les premiers pas s'y dirigent naturellement ; et c'est aussi la première chose qu'ont coutume de montrer les indicateurs qui se tiennent à l'entrée. Sa beauté intérieure répond à celle de l'extérieur ; mais d'après sa petite dimension on en a bientôt vu toutes les beautés, quelque nombreuses qu'elles soient, et l'on ne tarde pas à passer au reste du château, en commençant par le salon d'Hercule.

Avant d'aborder cette immensité de détails, il convient d'en saisir l'ensemble, en embrassant d'un seul coup-d'œil toute la façade du nouveau palais. Comme on le restaure en ce moment sur différens points, nous nous bornerons aujourd'hui à ce coup d'œil extérieur, qui va du moins offrir à nos lecteurs un aperçu de ce célèbre monument de la grandeur de Louis XIV; nous réservant de revenir sur le même sujet, et de le traiter plus amplement dans la route de Paris à Nantes, qui passe également par Versailles.

Les connaisseurs ont regretté que le nouveau château ne fît point face à l'avenue de Paris; mais nous avons déjà remarqué qu'on voulait conserver l'ancien. Loin de l'abattre, Louis XIV le fit terminer, sans préjudice du superbe château qu'il projetait lui-même, et qu'il adossa contre celui qu'il conservait. Ce grand monarque était trop bon appréciateur pour ne pas sentir le prix des contrastes, et celui qui résulte de deux façades diamétralement opposées de style comme d'aspect, et de dimension comme de mérite, est, à mon avis, la première beauté du château de Versailles. On peut dire que ce sont deux châteaux en un seul. Ils ont été tellement mariés ensemble, qu'ils ne font qu'un même corps de bâtiment, et sont tellement distincts que la vue de l'un ne laisse pas soupçonner l'existence de l'autre; ainsi l'ancien et le nouveau palais, placés à proprement parler dos à dos, n'ont l'un et l'autre que leur façade de devant.

Celle du palais neuf, qui a l'inconvénient de regarder le couchant, a l'avantage aussi de donner sur le parterre et le parc. C'est par conséquent du parterre et du parc qu'on peut la contempler dans toute sa magnificence et tous ses développemens. Elle se compose d'un grand corps avancé qui en occupe le milieu, et de deux immenses ailes qui s'en détachent à droite et à gauche sur le derrière, en se dirigeant l'une au sud, l'autre au nord. Cet ensemble fait une longueur de trois cents toises. C'est à coup sûr la plus grande façade qui soit au monde, en même-temps que la plus belle, malgré le défaut qu'on trouve avec raison à l'excessive saillie du milieu, qui jette trop en arrière et place tout-à-fait hors d'œuvre les deux ailes latérales. Comme ce corps avancé offre un carré à peu près parfait, il offre aussi trois façades à peu près égales, qui ont les trois aspects du couchant, du nord et du midi.

Les façades en retraite des deux ailes étant bien plus longues que la façade principale du corps avancé, il en résulte un autre défaut ; savoir : la disproportion du principal avec les accessoires ; défaut qui a fait dire à Pierre-le-Grand, que c'était *le corps d'un pigeon avec des ailes d'aigle.* Le haut et grand corps de bâtiment qui s'élève derrière l'aile septentrionale, près de la chapelle, est la salle de spectacle, l'une des plus belles de l'Europe.

Le parterre et le parc étalent à l'envi, sous les croisées du château, l'un toute sa richesse, l'autre toute son immensité. Ce dernier a une double enceinte qui le fait distinguer en grand et en petit parc. Le grand a, dit-on, vingt lieues de tour : ce qui ne peut être qu'en comptant rigoureusement toutes les sinuosités ; mais comme son plus grand diamètre n'est que de trois lieues au plus, sa circonférence ne peut être évaluée à plus de 9 à 10 lieues.

C'est dans le petit parc, pentagone irrégulier de 2400 toises de long, sur 1600 de large, que sont renfermés les bosquets, les bassins, les cascades, le parterre et tous ses embellissemens. Ici autant et plus encore que dans l'intérieur, tout est grand comme le grand Monarque, et tout est somptueux comme sa Cour. Si dans le palais tout est or, marbre et peinture, dans le parterre tout est bronze, marbre et sculpture. Si l'on y foule un pavé, si l'on y monte ou descend une rampe, cette rampe et ce pavé sont en marbre. Si les regards s'y arrêtent sur un bassin, sur une balustrade; cette balustrade et ce bassin sont encore de marbre. Si l'on y admire un vase, une statue, un groupe, ce vase, cette statue et ce groupe sont tous, ou de marbre ou de bronze, et presque tous des chefs-d'œuvre de l'art. Les Pujet, les Girardon, les Bernin, les Constou, les Coisevox, les Le Nôtre, les Mansards et une foule d'autres célèbres sculpteurs et architectes, s'y sont disputés, avec le prix du talent, les hommages de la postérité. Un seul de ces beaux et nombreux bassins, un seul de ces beaux et innombrables groupes, suffiraient ailleurs pour captiver l'admiration : ici elle ne sait où se reposer, au milieu de tant de richesse et de magnificence.

Le *cicérone* qui vous accompagne et le livret qu'il vous vend, vous font connaître les divers morceaux à voir, ainsi que les artistes auxquels on en est redevable. Il ne faut pas oublier, à côté du parterre, près de l'aile méridionale du château, l'orangerie, la plus belle de l'Europe, tant par elle-même, que par les vieux et superbes orangers qu'elle renferme; non plus que les douze bosquets qui ont chacun leur genre d'embellissement particulier, pour la conservation desquels ils sont entourés d'une clôture, et fermés à clef. Il faut encore moins oublier les deux maisons de plaisance connues sous les noms de *grand* et de *petit Trianon*. Mais, ici comme à Londres, toutes les portes ne s'ouvrent qu'avec la clef d'or, et il y a bien des portiers : la seule différence est qu'on n'est pas taxé; on s'abandonne en France à la générosité française.

Une spacieuse avenue, ouverte à travers le parc, en face du corps de bâtiment principal, offre une perspective à perte de vue, qui commence aux bassins du parterre, se continue le long des belles rampes qui descendent dans le parc, se prolonge sur de larges tapis de pelouse, et se termine par une immense pièce d'eau, au-delà de laquelle les objets se dérobent dans la vapeur du lointain.

C'est ici que se terminera notre aperçu extérieur du château de Versailles, dans lequel nous nous sommes interdits tous les détails, destinés à un autre volume, espérant que les nouveaux travaux seront achevés avant cette nouvelle livraison.

Nous n'avons encore vu de la ville que son double château, et la rue immense qui nous a servi d'avenue pour y arriver, et l'immense place d'armes qui se développe en fer à cheval devant la grille. Cette grande avenue partage la ville en deux parties à peu près égales : l'une à gauche, s'appelle le *vieux Versailles*; l'autre à droite, la *ville neuve*. La première n'est pas plus vieille que l'autre, malgré sa dénomination, qui ne lui vient que de ce qu'elle occupe la place de l'ancien village de Versailles. Pour la ville neuve, on a suivi un plus beau plan; elle est mieux percée, et les maisons plus agréablement bâties. Les rues sont toutes tirées au cordeau, dans l'un comme dans l'autre quartier. La libre circulation d'un air vif et pur fait qu'on y marche à pied sec en tout temps : une heure après les pluies les plus abondantes il n'y paraît plus. Diverses fontaines publiques, distribuées dans les différens carrefours, fournissent aux habitans l'eau que leur fournit à elles-mêmes la machine de Marly; mais ce qui surprend le voyageur, c'est qu'aucune d'entre elles ne contribue à l'ornement de la ville.

Outre la place d'armes, cette ville en renferme encore plusieurs autres de remarquables : la plus grande est celle du marché, encombrée de baraques, au milieu desquelles une tolérance condamnable a laissé élever des maisons à plusieurs étages. La plus belle est la place Dauphine, aussi régulièrement qu'agréablement bâtie. Elle offre un carré parfait à angles coupés, formant un véritable octogone, dont les quatre grands côtés sont percés de quatre larges rues. On regarde encore comme une place le parvis de l'église de Saint-Louis, située dans le *vieux Versailles*.

Cette église, bâtie par le dernier des Mansards, est incontestablement la plus grande de la ville, et m'a paru en être aussi la plus belle. Quelques connaisseurs veulent lui trouver de grands défauts; nous ne le sommes point assez nous-mêmes pour les avoir aperçus. Des critiques minutieuses n'empêchent point que ce ne soit un vaste et bel édifice, dont l'ensemble et les détails satisfont également et pleinement la vue : des défauts qui échappent aux regards du public sont de bien petits défauts.

La seconde église de Versailles est celle de Notre-Dame, dans le quartier de la *villeneuve*. Elle semble donner plus de prise à la critique que celle de Saint-Louis, par la bizarrerie de ses deux tours, qui couronnent les angles du frontispice, et ne s'élèvent pas à la hauteur du fronton, qui en couronne le milieu. L'art et la nature veulent impérieusement que les tours dominent les édifices dont elles font partie, au lieu d'en être dominées; mais cette singularité de l'église Notre-Dame est du célèbre J.-H. Mansard, qui connaissait aussi-bien qu'un autre les lois de l'art et celles de la nature. A ce nom recommandable, la critique expire: Mansard n'a pu pécher par ignorance; il a eu sans doute des motifs puissans qu'il nous donnerait lui-même; s'il vivait encore: respectons-les sans les connaître, respectons les grands-hommes jusque dans leurs erreurs apparentes ou réelles. L'intérieur de l'église présente, dans un vaisseau d'une médiocre étendue, quelques détails précieux en peinture et en sculpture. On y remarque, avec curiosité, aux croisées du chevet, les tableaux transparens qui tiennent lieu de vitraux.

Nous avons déjà parlé de l'église de S.-Symphorien en parlant de Montreuil, faubourg de cette ville. Il nous reste à voir encore la plus jolie de toutes les églises de Versailles, en exceptant, bien entendu, la chapelle du château, je veux parler de celle du collége: c'est une véritable miniature, et cette miniature est un vrai chef-d'œuvre de goût. Construite sur les dessins de M. Mique, elle forme une croix grecque des plus élégantes ; son pourtour intérieur est enrichi de bas-reliefs, représentant l'histoire de la Vierge, par Boccardi. L'Assomption peinte au plafond de la coupole, est de Briard. Cette église fut un des bienfaits de la reine Leczinska, femme de Louis XV, et fille du roi de Pologne Stanislas. Le couvent attenant, devenu aujourd'hui le collége royal, fût bâti par la munificence de la même reine, pour une communauté de chanoinesses Augustines. Il renferme un cabinet d'histoire naturelle et de physique, assez riche et fort bien tenu. Le collége est lui-même un des mieux tenus de France, comme il en est un des plus beaux.

Non loin de ce bâtiment, en est un autre qui mérite aussi d'être cité, quoiqu'il n'ait pas été fini, c'est l'hospice, jadis l'infirmerie.

De tous ceux que citent encore les auteurs, en se copiant toujours comme de coutume les uns les autres, les deux dont ils parlent le moins et dont le voyageur est le plus frappé, sont ceux des *grandes* et des *petites écuries*, qui se déploient en magnifique fer à cheval vis-à-vis du château, l'un à droite, l'autre à gauche de la grande avenue de Paris. Deux grilles, l'une ancienne et superbe, l'autre nouvelle et mesquine, séparent, de la place d'armes, les deux cours demi-circulaires qui accompagnent ces deux majestueux édifices.

Le chenil, cité par plusieurs auteurs, n'est qu'une spacieuse cour entourée de bâtimens propres, mais irréguliers, servant au logement des officiers de la vénerie et à diverses autres destinations. Dans cette cour, on a ouvert un passage qui va, dit-on, devenir une rue, comme la cour de la mairie qui est en face, ce qui fournira, entre les trois avenues du château, une communication d'autant plus importante qu'elle sera la seule dans cette partie.

L'hôtel de la mairie, cité aussi par les auteurs, ne mérite nullement de l'être. Le jeu de paume ne le mériterait pas davantage, s'il n'était devenu fameux par le serment qui fut le signal de la révolution. L'énorme bâtiment qui fixe les regards, à côté et à gauche du château, en était le grand commun. Solidement et lourdement bâti en briques, il n'est remarquable que par sa masse carrée et sa prodigieuse hauteur. C'est là que furent établis en 1795, par le ministre Bénezech, les ateliers de la célèbre manufacture d'armes qu'a dirigée jusqu'en 1815,

M. Boutet, arquebusier. Il l'avait portée à un tel degré d'activité, qu'elle fournissait plus de cinquante mille fusils par an à nos armées, et à un tel degré de perfection, que nulle part en Europe on ne donnait aux armes, soit de guerre soit de luxe, un aussi beau fini. Cette manufacture fut pillée par les Prussiens le 2 juillet 1815.

Un établissement plus précieux, quoique peut-être, et malheureusement, moins nécessaire, a été respecté par eux, à côté de celui qu'ils ont détruit : c'est la bibliothèque publique, placée dans l'ancien hôtel des *affaires étrangères*, comme on l'apprend, si on ne le sait point, par les inscriptions qu'on lit encore au-dessus des portes: *Cabinet des limites*, *Salle des traités*, *Salle des puissances du midi*, *etc*. Cette bibliothèque, ouverte au public tous les jours de la semaine, excepté le dimanche et le jeudi, aux étrangers tous les jours sans exception, renferme plus de 40,000 volumes, la plupart remarquables par le luxe des éditions : c'est une collection des plus beaux produits de la typographie. Je l'ai trouvée remplie de militaires, qui n'étaient pas tous des officiers, mais qui lisaient tous avec la même attention, et dans le plus profond silence.

Outre cette ressource littéraire, offerte aux

habitans comme aux étrangers, tous les autres genres d'amateurs trouvent à Versailles tous les autres genres de ressource, bains publics, bonnes auberges, cafés, traiteurs et restaurateurs à la carte, comme à Paris. On cite, pour la bonne cuisine et la propreté réunies à l'honnêteté des hôtes, et à la modicité des prix, les restaurateurs Chévremont et Noël. Les voyageurs qui comptent pour quelque chose la beauté et l'amabilité de leur hôtesse, trouveront dans madame Chévremont une des plus gracieuses et des plus jolies femmes de Versailles; ils trouveront aussi dans sa maison le service le plus empressé.

Outre le parc, qui est la promenade habituelle des habitans et des étrangers, les trois avenues de Paris, de Saint-Cloud et de Choisy, offrent chacune une fort belle promenade, moins belle cependant que les boulevarts du Roi et de la Reine, qui n'en sont pas plus fréquentés, parce que toute cette beauté n'est rien, auprès de celle du parc.

Cette ville peu adonnée au commerce, possède quelques filatures et deux manufactures de bougie. Elle a trois foires annuelles de cinq jours chacune, qui commencent le 1er. mai, le 25 août et le 9 octobre.

IIᵉ. ROUTE DE PARIS A TOURS.

La population de cette ville, pendant que la cour y résidait, s'est élevée à soixante-dix mille âmes environ, mais jamais à cent mille, comme on le disait communément. Aujourd'hui, elle ne passe pas vingt-cinq mille habitans, compris même une garnison de deux mille.

L'auteur du dernier dictionnaire des environs de Paris, se montre bien peu instruit de la direction de nos routes, lorsqu'il dit que Versailles est sur celle de Paris à Caen. Cette ville est sur trois routes principales, dont aucune ne conduit à Caen; la première des trois est celle de Bordeaux que nous décrivons; la deuxième celle de Nantes (*), et la troisième celle de Brest (**).

Cet auteur ne paraît pas plus instruit sur la ville que sur les routes, lorsqu'il dit « que l'étranger demeure stupéfait, à l'aspect du magnifique coup-d'œil que présentent à ses regards étonnés, et les palais, et les superbes édifices élevés autour de la place d'armes ». Les palais et les édifices sont précisément ce qui manque à cette place, qui sous ce rapport peut être considérée comme n'étant pas achevée. On n'y voit

---

(*) Nous la publierons avant un an.
(**) Elle paraîtra immédiatement après.

d'autre palais que celui de Louis XIII, qui, comme nous l'avons dit, fait éprouver à l'étranger un étonnement tout contraire à la stupéfaction que leur prête notre auteur. Les seuls édifices qui accompagnent sur cette place la façade du château, sont les grandes et petites écuries; mais l'étranger ne les voit pas en arrivant, puisqu'elles sont vis-à-vis de cette façade, comme l'avenue qui les sépare (*).

Versailles, siége de la préfecture de Seine-et-Oise, l'est aussi d'un évêché, ainsi que des tribunaux de 1re. instance et de commerce. Ce n'était qu'un village, et son château qu'une maison de chasse, lorsqu'il prit envie à Louis XIV de faire de ce village une des plus belles villes, et de cette maison de chasse le plus beau palais de l'Europe. Toujours avide de prodiges et de victoires, il voulut vaincre la nature, en transformant un terrain ingrat, un site sans agrément, en un lieu de délices: il voulut faire

---

(*) J'invite les étrangers à se méfier de ce que leur raconte le même auteur sur les événemens militaires qui eurent lieu à Versailles lors de l'invasion de 1815, comme étant rapportés d'une manière très-inexacte, d'après les habitans, témoins oculaires, qui m'ont fait à moi-même semblable invitation : je ne fais que la transmettre à mes lecteurs.

IIᵉ. ROUTE DE PARIS A TOURS.

sortir du sein d'un triste désert, une habitation digne du premier monarque du monde : il le voulut, et sa volonté fut accomplie. Commencé en 1661, le château fut achevé en 1672, et ce fut au mois de janvier de cette année que la cour y fut transférée. Il a continué d'être la résidence royale sous les deux règnes suivans.

N'existant comme ville que depuis la même époque, Versailles ne saurait fournir à l'histoire, ni beaucoup d'hommes célèbres, ni beaucoup d'événemens remarquables.

Martial de Loménie, l'une des victimes du massacre de la Saint-Barthélemi, et père d'Antoine de Loménie, ambassadeur de Henri IV en Angleterre, était seigneur du village de Versailles.

La ville actuelle a vu naître Colin de Vermon, peintre d'histoire, mort en 1761 ; Guyot de Merville, auteur d'un grand nombre de pièces de théâtre, mort en 1765 ; madame Guibon, qui a publié diverses poésies dans le milieu du même siècle ; le général Hoche, qui parvint du grade de caporal dans les gardes-françaises, à celui de général en chef dans les armées de la république ; Bourlet de Vauxelles, mort en 1800, auteur de plusieurs oraisons funèbres, et d'un éloge de madame de Sévigné ; enfin, l'estimable auteur dramatique Ducis, mort le 31 mai 1816. Jean Sylvain Bailly, célèbre comme auteur de divers bons ouvrages d'astronomie, plus célèbre comme maire de Paris, au commencement de la révolution, qu'il avait embrassée avec autant d'ardeur que de bonne foi, et dont il fut une des victimes en 1793, n'était pas natif, mais originaire de Versailles.

Quelques traités de paix et quelques anecdotes de cour, sont les seuls événemens historiques que nous offre cette ville, jusqu'au moment où elle a été le siége des notables qui ont préparé la révolution, et des états-généraux qui l'ont faite. Les événemens presque tous désastreux qui se sont passés à cette époque, sont trop près de nous pour avoir besoin d'être retracés, et trop douloureux pour qu'on ne doive pas craindre d'irriter, en y retouchant, des plaies que le temps seul peut cicatriser. Quant aux événemens encore plus près de nous, arrivés à Versailles dans l'invasion de 1815, et rapportés avec tant de détails et tant d'inexactitude dans le *Dictionnaire des environs de Paris*, ils sont connus de tout le monde, et appartiennent à l'histoire, bien plus qu'à la topographie.

A 1 lieue un quart S. E. de Versailles, dans le vallon et non loin de la source de la Bièvre, est le bourg de Jouy, renommé par sa manufacture de toiles peintes. La célébrité de ces toiles, qui a porté le nom de Jouy dans toutes les parties de l'Europe, nous dispense d'entrer dans aucun détail sur cette manufacture, un peu déchue, malheureusement aujourd'hui, par l'effet du caprice des modes. Elle avait reçu une telle impulsion de son industrieux fondateur, M. Obercamps, qu'elle occupait journellement douze cents ouvriers. On attribue à la qualité des eaux de la Bièvre, celle de la teinture de ces indiennes, comme on leur attribue à Paris, la vivacité des couleurs qui distingue les tapisseries des Gobelins. Le village renferme 1500 habitans, plusieurs maisons de campagne, et un fort beau château devenu la propriété de M. Séguin.

Sur la même rivière, une lieue plus bas, est le village de Bièvre, qui renferme 800 habitans, et une manufacture d'indiennes, à l'instar de celle de Jouy. C'est un des lieux les plus frais et les plus pittoresques qu'offrent les environs de Paris, par le concours des eaux et des prairies, des bois et des collines dont il est entouré.

§ 2. *De Versailles à Coignières.* 4

On s'étonne, en partant du relais, de se voir diriger par son postillon, droit vers la grille du château, où il est près d'arriver, lorsqu'il prend tout à coup à gauche pour aller gagner, par une assez difficile et assez triste rue, la grille ou porte de l'*Orangerie*. La rue que nous avons vu s'ouvrir à travers la cour de la mairie, évitera désormais ce tournant et cette direction.

Immédiatement après cette porte, on longe à droite la belle orangerie, au voisinage de laquelle elle doit son nom, et à gauche la belle pièce *des Suisses*, qui sert d'abreuvoir pour la cavalerie. Au bout d'une lieue on trouve la barrière de Saint-Cyr, après laquelle on monte une courte rampe, en tournant à gauche, et laissant en face l'avenue du célèbre couvent de ce nom, dont on remarque quelque temps à droite les vastes et beaux bâtimens construits sur les dessins du célèbre Mansard.

Cette abbaye de bénédictines, fondée par madame de Maintenon, et destinée, par elle, à l'éducation de deux cent cinquante demoiselles nobles, a été livrée pendant la révolution à des militaires invalides, comme succursale de l'hôtel royal de Paris : Buonaparte y a de-

IIe. ROUTE DE PARIS A TOURS.

puis transféré son école militaire de Fontainebleau, et Louis XVIII lui a conservé cette dernière destination.

On est sorti du petit parc à la barrière de Saint-Cyr, on sort du grand au village de Trapes, situé à mi-chemin du relais, et peuplé de 700 habitans. Un moment avant d'y arriver, on laisse à droite l'embranchement de la route de Brest, et un peu avant cet embranchement, l'étang de Saint-Quentin, qui occupe une étendue de 900 arpens. La haute et magnifique digue qui le retient vient se terminer auprès de la route. Elle m'a rappelé celle du fameux bassin de Saint-Féréol, en Languedoc; et la ressemblance est si frappante, que je m'étonne d'avoir été le premier à la remarquer. Celui de Saint-Quentin, qui fournit les eaux du château de Versailles, comme celui de Saint-Féréol, les eaux du canal du midi, m'a paru le plus beau des deux, quoique bien moins prôné par les auteurs, ainsi que par les voyageurs, qui ne craignent point de se détourner de plusieurs lieues pour voir le premier, et ne se donnent point la peine de faire quelques pas, pour voir le second.

Le village de Trapes a eu jadis un relais qui coupait, en deux parties égales, la distance de

Versailles à Coignières. Trois quarts de lieue avant ce dernier village, on laisse à gauche l'avenue du château de la Verrerie, possédé jadis par M. de Montreuil, en dernier lieu par M. de Lavalette, ce directeur-général des postes que sa condamnation à mort, et son évasion des prisons de la conciergerie ont rendu si célèbre, et aujourd'hui par M. Viennais, l'un des plus riches orfévres de Paris.

Coignières, village de 250 habitans, est situé dans une plaine fertile, dont le produit moyen est de 7 à 8 pour 1. La route, tant avant qu'après ce village, est bordée de pommiers à cidre, ensuite de beaux ormes. — *Parcouru depuis Paris*. . . . . $8\frac{1}{1}$ lieues.

§ 3. *De Coignières à Rambouillet*. . . . . . $3\frac{1}{2}$

Même nature de route et de contrée; seulement le pavé est plus étroit et le sol moins fertile. On trouve, vers le tiers de la distance, le hameau des Essarts, et vers les deux tiers, le village du Péray. Entre les deux, on laisse, à une petite distance à droite, le hameau de Saint-Hubert, connu par son étang et son ancien château royal. Au sortir du Péray, on pénètre dans les bois de Rambouillet, dont on laisse la plus grande partie à droite; on longe du même côté le parc, pendant un peu de temps, avant d'arriver à Rambouillet, où l'on entre, en tournant à gauche vis-à-vis de la grille du château. Dans la rue large, longue et tortueuse qui forme la presque totalité de cette ville, une seconde grille se présente, qui laisse voir en face et en plein, à une portée de fusil de distance, un petit donjon gothique, nouvellement reblanchi, et agréablement rajeuni par des réparations faites de nos jours; c'est le château royal de Rambouillet, où mourut François Ier. en 1547. Il a passé depuis au comte de Toulouse, et son fils le duc de Penthièvre, le céda à Louis XVI, après l'avoir embelli d'un superbe bâtiment destiné aux écuries, et bien plus remarquable que le château. Plusieurs autres constructions sont de ce prince : c'est son père qui a fait planter le parc, dont le fameux Le Nôtre a été le dessinateur.

Ce parc, aussi considérable que bien distribué, se fait remarquer surtout par ses belles eaux : on y rencontre divers jolis reposoirs. Du fond d'une grotte, où la nature la plus sauvage a été parfaitement imitée, s'échappe avec un doux murmure, au milieu des rochers, une source produite par l'écoulement d'une pièce d'eau qui est au-dessus. Dans la laiterie, petit pavillon où la reine Marie-Antoinette allait souvent prendre du lait, est un énorme et superbe roc artificiel, d'où jaillit une fontaine; c'est de là qu'a été enlevée, dans le temps, la statue groupée avec une chèvre, qu'on voit dans la galerie du Luxembourg : une autre l'a remplacée. Ce genre d'ornement n'a pas été prodigué au parc de Rambouillet, et je n'y ai remarqué d'autres peintures que quelques jolis camées de Sauvage.

C'est dans ce parc qu'est la célèbre ferme de **Rambouillet**, créée par les soins de Louis XVI, et destinée pour l'établissement d'un troupeau de béliers espagnols, établissement destiné lui-même à l'amélioration de nos laines : c'est le premier troupeau de mérinos qu'on ait vu en France; il en est encore le plus beau et celui dont la race est la plus pure. A l'un de mes précédens passages, j'avais vu dans ce parc des taureaux romains, des buffles, et autres animaux de race étrangère; ils ont tous péri de la maladie épizootique, apportée par les troupeaux de bœufs et de vaches qui suivaient l'armée des alliés. La forêt a près de 36,000 arpens de surface; le parc en a près de 3000. On en longe les murs, une demi-lieue avant et une demi-lieue après Rambouillet.

Cette ville, siége d'une sous-préfecture et d'un tribunal civil, est peuplée de 2800 à 3000 habitans, et assez bien bâtie. La grande place et l'Hôtel-de-ville qui en décore une des façades, sont des bienfaits de Louis XVI. L'hôtel du Gouvernement est un très-joli édifice, dont la grille donne sur la rue Royale où passe la route. Le blé constitue l'unique commerce de cette ville, à laquelle les géographes attribuent plusieurs branches d'industruie qu'elle n'a jamais eu. — *Parcouru depuis Paris.* lieues. 12

§ 4. *De Rambouillet à Epernon*. . . . . . .

Route un peu montueuse, comme la contrée qu'elle traverse, campagne sablonneuse, comme la forêt qui l'avoisine. Aux deux tiers de la distance on trouve le petit village de Saint-Hilarion, avant lequel on longe à gauche le parc du château de Voisins, qui communique à la route par une avenue. Il appartient à M. de Saint-Didier, qui s'est rendu recommandable auprès de ses concitoyens et du gouvernement, par sa conduite philantropique dans la disette de l'année 1817 : il a nourri les indigens de six communes durant quatre mois, en faisant distribuer 1000 soupes économiques par jour. Vers la fin de cette distance on passe du département de Seine-et-Oise dans celui d'Eure-et-Loire.

Epernon est une petite ville située au pied d'une colline escarpée, et dans le fond d'un petit vallon extrêmement frais, qu'arrosent et embellissent divers ruisseaux, en s'y joignant à la petite rivière de Cadi, qui n'est elle-même qu'un ruisseau un peu plus considérable que les autres. On traverse cette rivière sur un pont vers le milieu de la rue, en parcourant la partie basse de la ville, et longeant à droite le pied du coteau sur lequel est situé la partie haute. Elle a un bureau de poste et 1500 habitans. Si son terroir offre dans le vallon de riches marais cultivés en jardins, les hauteurs ne montrent que des rochers arides et entièrement dépouillés. — *Parcouru depuis Paris*... 15 lieues.

§ 5. *D'Épernon à Maintenon*......... 2

Paysage continuel, et arbres fruitiers dans la première moitié de la distance, au bout de laquelle finit le pavé; grande culture dans l'autre moitié.

IIe. ROUTE DE PARIS A TOURS.

Au bout d'une demi-lieue, on laisse à une portée de balle, à droite, le château de Morville, appartenant jadis au duc de la Rochefoucault, aujourd'hui à M. Gros-des-Rivières; un peu plus loin, on trouve vers le tiers de la distance, le village assez considérable de Hanche, qu'on ne trouve pas de même dans les dictionnaires géographiques, non plus que sur la plupart des cartes, quoiqu'il soit peuplé, à ce qu'on assure, de plus de 1000 habitans. Leur principale ressource est la culture des navets. Entre Epernon et ce village est un écho fameux, qui répète sept fois les mots : c'est l'écho de Vinarville.

On traverse un bras de l'Eure en arrivant à Maintenon, petite et assez jolie ville, qui a, comme Epernon, une population de 1500 habitans, et un bureau de poste; elle est remarquable par son château, qui rappelle de grands souvenirs : on y montre et conserve avec soin la chapelle où Louis XIV fit de la veuve du poëte Scarron la femme du roi de France, en lui donnant en même temps le nom et la terre de Maintenon.

Derrière ce château, au bout du jardin qui se prolonge sur les deux côtés d'une belle pièce d'eau formée par l'Eure, s'élèvent les hautes arcades d'un aqueduc, dont les piles surpassent en volume celles des aqueducs antiques et modernes que m'ont offerts et l'Italie et le midi de la France. On gémit en songeant qu'une aussi somptueuse dépense est une dépense perdue, cet aqueduc, destiné dans le principe à conduire à Versailles les eaux de l'Eure, ayant été abandonné pour la machine de Marly. Il se dégrade tous les jours, parce que tous les jours on enlève les pierres de taille qui en forment les angles, les cordons et les chaînes.

Des eaux limpides et abondantes parcourent, dans tous les sens, le parc de Maintenon ; on en franchit les divers canaux sur 50 ponts. — *Parcouru depuis Paris*................ lieues. 17

§ 6. *De Maintenon à Chartres*......... 4½

Après avoir traversé le second bras de l'Eure, en sortant de Maintenon, on entre dans les vastes et riches plaines de la Beauce. L'uniformité de l'horizon n'est interrompue que par l'aspect d'une butte qui se prolonge pendant quelque temps sur la droite, à peu de distance de la route, et par la perspective des deux clochers de Chartres, qu'on voit continuellement en face. Cette butte est une levée faite à main d'homme. Elle devait former la base des aqueducs, qui devaient former eux-mêmes la continuité de ceux de Maintenon, en allant chercher les eaux de l'Eure au-dessus de Courville.

Une demi-lieue avant Chartres, on laisse à droite la route de cette ville à Dreux. Bientôt après, on se trouve au milieu des vignobles qui entourent, dans un rayon fort inégal, la capitale de la Beauce, de manière à présenter au voyageur, de quelque côté qu'il arrive, un agréable tapis de verdure, comme pour le délasser de la longue monotonie des plaines à blé qu'il vient de parcourir. Ces vignes, au surplus, ne produisent qu'un vin médiocre, qui ne supporte pas le transport, et que les habitans sont obligés de boire sur les lieux. Les voyageurs qui ne s'y croiront pas obligés de même, feront bien de donner la préférence au Beaugency, qui est le vin d'ordinaire en honneur à Chartres.

Le faubourg de Bourgneuf, par lequel nous abordons cette ville, la présente d'abord assez avantageusement; mais bientôt il n'offre plus qu'une longue série de chaumières qui, bordant en pignon les deux côtés de la route, ressemblent à un véritable hameau. On compte près de trois quarts de lieue, de l'entrée de ce faubourg à celle de la ville.

Elle est encore entourée des vieux remparts qui reçurent, bien plus qu'ils n'arrêtèrent Henri IV, lorsqu'il s'en rendit maître, avant de monter sur le trône. On juge aisément à leur mauvaise construction en pierre brute, et à leur faible épaisseur, qu'ils ne purent opposer une longue résistance à ce roi conquérant; et s'ils l'ont retenu pendant six semaines, c'est qu'il n'a pas voulu leur faire de mal. Cette triste enceinte de murailles est entourée elle-même d'une belle enceinte de promenades.

L'intérieur de Chartres est divisé en haute et basse ville. Dans la première sont les principales auberges, la poste aux lettres, la poste aux chevaux, une très-jolie salle de comédie nouvellement construite, le palais épiscopal aujourd'hui la préfecture, et la cathédrale au fameux clocher.

Le parfait niveau de ses rues, et la largeur de quelques-unes d'entre elles, la rendent assez commode pour les voitures, auxquelles sont à peu près inaccessibles, les rues à pente plus ou moins rapide qui conduisent de la haute ville dans la basse.

Les maisons qui les bordent ne peuvent recevoir leur bois, leur vin et autres gros appro-

IIᵉ. ROUTE DE PARIS A TOURS.

visionnemens que sur des traîneaux conduits à bras. La partie inférieure de la ville basse est traversée par les deux bras de l'Eure, dont l'un coule en dedans, l'autre en dehors des remparts; elle n'est pas plus montueuse que la ville haute, mais elle est plus mal percée et plus mal bâtie. On y trouve cependant une jolie place, celle de Saint-Pierre, bordée de deux allées d'arbres, et attenante à l'église gothique de ce nom, laquelle est attenante elle-même au beau couvent de bénédictins dont elle dépendait. Il est converti aujourd'hui en une caserne, dont la porte était gardée, lorsque je m'y suis présenté, par un sentinelle qui ne laissait pas entrer sans une carte.

Dans la ville haute sont les deux places du marché aux grains et du marché aux herbes. La première carrée, et médiocrement grande, est le centre des greniers de la Beauce; les marchés qui s'y tiennent tous les jeudis et samedis sont les plus considérables de France. On assure qu'en 1817 il s'y est vendu dans un seul marché pour un million de blé.

La seconde, celle du marché aux herbes, présente un carré long, et n'est remarquable que par le mausolée en forme d'obélisque, érigé au général Marceau, natif de cette ville.

Une quatrième place, la plus belle de toutes, celle des Barricades, est hors des murs, entre la porte des Epas, les principales promenades et les principales auberges. C'est là qu'est celle de la *poste aux chevaux*, l'une des meilleures et des plus belles de France; c'est aussi là qu'aboutissent les trois avenues de Paris, de Nantes et de Bordeaux.

Nous avons déjà mentionné la cathédrale; mais il nous reste encore à décrire cet imposant édifice et son célèbre clocher, l'un des plus beaux du royaume et même le plus beau de tous, d'après sa renommée, qui me paraît un peu supérieure à sa beauté réelle. Le proverbe qui réunit, pour la perfection d'une église, le portail de Reims, la nef d'Amiens, le chœur de Beauvais et le clocher de Chartres, semble supposer que la cathédrale de cette dernière ville n'a qu'un clocher : elle en a pourtant deux, tous deux à flèches, et servant de pendant l'un à l'autre, au-dessus du portail. L'une de ces flèches est lourde et sans ornemens, quoique estimée dans le pays, presque à l'égal de l'autre, à cause de son curieux revêtement de pierres de taille sculptées en écailles de poisson. Cette flèche produit à la vue un effet singulier de perspective : elle semble toujours pencher vers le spectateur, de quelque côté qu'il se place. C'est que la pyramide est coupée à pans égaux, et que chaque pan, vu de face, est si peu incliné qu'il semble tomber verticalement.

L'autre clocher est lancé avec hardiesse, et enrichi vers le milieu de sa hauteur, d'une prodigieuse quantité de sculptures en filigranes, qui ne font pas, à mon avis, un merveilleux effet, n'étant point continuées ni en haut ni en bas; la maçonnerie brute qui leur succède immédiatement détruit l'harmonie nécessaire entre les diverses parties d'un même tout; elles font cependant le principal titre de ce clocher à la supériorité qu'on lui accorde sur tous ceux de France : sans doute que ce royaume ne possédait pas encore celui de Strasbourg, lorsque la prééminence de celui de Chartres a été consacrée par le proverbe déjà cité. Des sculptures moins chargées, mais non moins délicates, et plus également distribuées, ne sauraient avoir moins de mérite; et si c'en est encore un que la hauteur d'un clocher, celui de Strasbourg, élevé de 75 toises au-dessus du sol, l'emporte incontestablement sur le plus haut des deux clochers de Chartres, qui n'en a que 60.

Le frontispice de la cathédrale de Chartres,

sur lequel s'élèvent les deux flèches, est percé par le bas d'un portail qui présente, comme celui de Reims, trois portiques; mais c'est là que se borne la ressemblance. Les deux portes latérales de la même église consistant également en trois grandes arcades, auraient plus de rapport avec ce modèle de nos portails gothiques, par leur extrême profondeur et le grand nombre de statues dont elles sont enrichies, si elles n'étaient bâties hors-d'œuvre, en forme d'appentis, ce qui suffirait pour les rendre bien inférieures, quand elles ne le seraient point d'ailleurs.

La pierre de taille dont est construite cette église la dépare, parce qu'elle n'est point aussi belle qu'elle est dure, et nous avons eu occasion d'observer ailleurs, combien la beauté des pierres contribue à celle des édifices. Une chose qui ne la dépare pas moins, est la bigarrure que produisent les parties nouvellement réparées sur le reste de la maçonnerie : c'est à peu près le même effet que des pièces de drap neuf sur un vieil habit. Parmi les morceaux de sculpture dont sont couronnés ou parsemés les murs, on m'a montré la figure bizarre d'un âne qui joue de la vielle.

Dans l'intérieur, on est frappé de la grande obscurité qui y règne : elle est telle qu'on n'y peut lire que par les temps les plus clairs. Cette obscurité excessive, qui fatigue la vue, sans ajouter à la majesté du lieu, résulte de la nature sombre et opaque des vitraux, plus surchargés de couleurs que riches de peinture.

Le chœur est aussi admirable, plus admirable peut-être que le clocher même. Il est entouré dans son pourtour extérieur, de quarante-trois niches remplies de groupes qui représentent et mettent pour ainsi dire en action, l'histoire de l'ancien et du nouveau testament : plusieurs sont fort bien exécutés. Au-dessus, sont des couronnemens et autres ornemens gothiques très-délicatement travaillés en filigranes, et au-dessous des arabesques modernes qui, exécutées à la manière antique, sont encore plus délicates et plus admirées.

La face interne du même chœur est ornée de tableaux en bas-relief et en marbre blanc de Carrare, par le sculpteur Bridan. Ils représentent diverses scènes de la vie de Jésus-Christ, et un vœu fait dans cette église par Louis XIII. Les deux plus beaux sont la Présentation au temple, et la Descente de croix qui est en face. On remarque surtout dans le premier la belle tête du grand-prêtre Siméon, et dans le second, le corps du Christ.

Mais ce qu'on admire le plus dans ce chœur, est le dessus du maître-autel, consistant dans un magnifique groupe en très-beau marbre blanc de Carrare, comme les bas-reliefs que nous venons d'admirer : il représente l'Assomption de la Vierge. On la voit s'élever sur des nuages de marbre, avec une légèreté vraiment aérienne, et une majesté vraiment céleste. C'est le chef-d'œuvre de Bridan, qui l'a terminé en 1773, et l'un des meilleurs morceaux de la sculpture française, ce qui semble mettre l'artiste au rang de nos meilleurs sculpteurs. Il est vrai que les énormes blocs qui composent ce groupe sont arrivés de l'Italie tout ébauchés, et que Bridan n'a eu qu'à leur donner le fini ; mais si l'ébauché est le mérite de la composition, le fini est celui de l'exécution ; et d'ailleurs, les bas-reliefs que nous venons d'admirer auparavant, sont entièrement de Bridan, pour la composition comme pour l'exécution (*). Le chœur est en-

---

(*) Soit que le talent de cet habile sculpteur n'ait pas été accompagné du grand art de se faire valoir, soit qu'il ait été condamné à l'obscurité pour s'être plus exercé à Chartres que dans la Capitale, centre de tous les talens, le nom de Bridan est peu connu, et n'est pas même porté dans le nouveau *Dictionnaire historique*, où l'on trouve tant d'hommes sans renommée.

touré d'un double rang de bas-côtés, soutenus par 32 piliers. La nef n'est appuyée que d'un simple rang, et n'est portée que par 16 piliers, qui font avec ceux du chœur 48, auxquels il faut en ajouter encore 8 qui soutiennent la croisée : c'est en tout 56.

Cette nef n'a rien de grand, rien d'imposant, comparée surtout à celle de nos plus beaux temples gothiques. Nous avons déjà vu que les vitraux, plus chargés qu'enrichis de peinture, répandent plus d'obscurité que de majesté : ils sont toutefois remarquables par leur parfaite conservation, et ceux qui composent les œils-de-bœufs placés au-dessus des portes ne sont pas sans mérite.

Au milieu de la nef, le pavé se dessine en une longue spirale qui, à force de revenir sur elle-même, fait parcourir, dit-on, une lieue aux amateurs qui s'amusent à la suivre jusqu'au bout, ce qui fait appeler cette partie du pavé *la lieue*. On ne montre plus l'église souterraine qui occupe tout le dessous de l'église supérieure ; l'entrée en a été fermée.

L'église de Saint-André, remarquable par l'arcade hardie qui, jetée d'une rive à l'autre de l'Eure, suportait le chœur, n'existe plus : l'arcade seule a été conservée. La fontaine minérale, vantée par quelques auteurs comme souveraine contre les maladies chroniques, est peu connue des habitans, ainsi que des médecins, et n'est pas plus fréquentée par les uns, qu'ordonnée par les autres.

Le principal commerce de cette ville est en grains et farines; elle possède cependant avec quelques fabriques de serges et de tricots de laine, des tanneries assez considérables. Comme tout objet d'exportation est un objet de commerce, on doit citer aussi les pâtés de Chartres, trop connus dans les annales de la gastronomie, pour pouvoir être passés sous silence. Ils sont exportés principalement à Paris, où (par parenthèse), on en fait de la même qualité, et au même prix qu'à Chartres. Cette ville a trois foires par an, dont la meilleure, celle des Barricades, commence le 11 mai, et dure onze jours.

Elle tirait son principal lustre de son évêché, l'un des plus riches, et de son chapitre, l'un des plus considérables de France. L'évêché vient de lui être rendu par le gouvernement, et l'évêque ne tardera pas, sans doute, à lui rendre le chapitre.

Ce siége de la préfecture d'Eure-et-Loir, est aussi celui d'un tribunal de 1re. instance et d'un tribunal de commerce. Les voyageurs y trouvent une fort grande et fort belle bibliothèque de 40,000 volumes, qui m'a paru peu fréquentée, et deux établissemens de bains publics, qui m'ont paru l'être davantage. Cette double particularité n'a rien de caractéristique pour les habitans : elle se répète dans presque toutes les villes. Il m'est difficile de juger s'ils sont mieux caractérisés par le proverbe populaire, qui, renfermé dans ces mots mal sonnans *Chartrain vilain*, semble s'adresser à tout le pays chartrain ; je soupçonnerais cependant qu'un peu d'égoïsme a pu donner lieu à cet injurieux proverbe, comme la prospérité agricole dont jouit en général tout le pays, peut avoir donné lieu à cet égoïsme.

Une autre opinion également proverbiale, et sans doute également populaire, veut qu'il y ait beaucoup de bossus dans cette ville : je n'y en ai pas remarqué plus que dans celle d'Orléans, contre laquelle existe une semblable prévention. Si elle était plus fondée qu'elle ne me l'a paru, et qu'il y eût réellement plus de bosses dans ces deux villes qu'ailleurs, elles doivent avoir une origine commune. (*V. celle des bosses d'Orléans, page 28 de ce volume*).

La population de Chartres est d'environ 14 à 15,000 âmes. Son origine se perd, comme celle de la plupart des villes anciennes, dans la nuit des temps : toutefois, le peu de lumière qui perce à travers l'obscurité de cette nuit, nous montre dans la Capitale du pays chartrain, celle des anciens *Carnutes* (*autricum Carnutum*), et nous laisse entrevoir, dans cette dernière, celle de la Gaule celtique.

M. Chevard, dans son *Histoire de Chartres*, croit avoir trouvé l'étymologie du nom de sa ville, dans le mot *Chartres*, signifiant prison; témoin le mot *chartreux*, qui, d'après lui, vient du même mot. Si cette étymologie toute nouvelle avait quelque fondement, les étymologistes n'auraient pas attendu M. Chevard, pour imaginer que *Chartres* vient de *chartre*; mais, malheureusement, la vérité ne manque pas moins que la vraisemblance à cette double découverte de M. Chevard, qui n'aurait pas appuyé sa risible étymologie sur l'exemple du mot *chartreux*, comme dérivant aussi du mot *chartre* ou prison, à cause de l'état de réclusion où vivaient ces religieux dans leurs cellules, s'il avait lu notre volume de la route de Paris à Turin, à l'article de la grande Chartreuse de Grenoble. Il y aurait appris qu'elle a tiré son nom d'un village voisin, qui s'appelle *Chartrouse*, en langage du

IIe. ROUTE DE PARIS A TOURS.

pays, et *Chartreuse* en français, nom qu'elle a transmis ensuite à l'ordre dont elle a été le berceau.

M. Chevard peut se consoler de cette petite bévue, par toutes celles où sont tombés, avant lui, les auteurs qui se livrent à la manie des étymologies, et continuer à chercher, si bon lui semble, celle de Chartres, qui est encore à découvrir. ✢

Quelle que soit l'étymologie de son nom, et l'époque de sa fondation, cette ville, contemporaine des druïdes, est incontestablement une des plus anciennes de France, sans remonter toutefois au déluge, comme le veut certaine tradition locale. Mais cette tradition même, toute absurde qu'elle est, vient à l'appui de son antiquité réelle, qui seule peut avoir donné lieu à une pareille fable, ainsi qu'à quelques autres non moins absurdes, dont nous faisons grâce à nos lecteurs.

La partie historique de Chartres a été négligée par les géographes, dont la plupart ne parlent ni de la prise de cette ville par Henri IV, en 1591, ni du couronnement du même Prince dans ses murs en 1593, la ville de Reims n'étant pas encore en son pouvoir, ni des autres siéges qu'elle a soutenus auparavant, d'abord

✢ L'étymologie de Chartres n'est pas difficile à trouver. Ce mot vient de *Carnutes* anciens habitans du pays ; comme celui de *Rheims* de *Remi*, celui de *Soissons* de *Suessones* etc.

contre les Normands, qui s'en sont emparés deux fois, et l'ont pillée la première, brûlée la seconde; ensuite contre les Anglais, qui en ont été chassés par le comte de Dunois; enfin, contre les huguenots, qui l'ont prise sous Charles IX.

C'est à deux lieues E. de cette ville, qu'est le village de Bretigny, fameux par le traité de paix qui rendit à la France le roi Jean, prisonnier en Angleterre depuis la bataille de Poitiers. Nous ne nous étendrons pas davantage sur l'histoire de Chartres: la tâche d'un voyageur qui supplée au silence des géographes, est déjà plus que remplie.

Il me reste à faire connaître les principaux grands-hommes dont s'honore cette ville: elle a vu naître, outre le général Marceau déjà mentionné, et l'un des meilleurs militaires qu'ait produit la révolution, un des meilleurs poëtes français qu'ait produit le 16e. siècle, Philippe Desportes; Mathurin Regnier son neveu, le premier de nos poëtes satyriques, peint d'une manière analogue à son genre, dans ces vers de Boileau:

« Heureux, si ses discours, craints du chaste lecteur,
Ne se sentaient des lieux que fréquentait l'auteur;
Et si du son hardi de ses rimes cyniques,
Il n'alarmait souvent les oreilles pudiques. »

Jean-Baptiste Thiers, auteur d'un traité des superstitions, mort en 1703; le fameux sectateur du jansénisme, Pierre Nicole, enfin, les trois Félibien, André, Jean-François et Michel, connus tous les trois par divers bons ouvrages, et morts, le premier en 1695, les deux autres, qui étaient ses fils, l'un en 1719, l'autre en 1733. De nos jours elle a été le berceau de Brissot et de Péthion, deux de nos plus célèbres républicains, et d'un de nos plus célèbres avocats, M. Chauveau-Lagarde, qui fut le défenseur de la Reine. Je ne sais si elle apprécie, comme elle le doit, l'honneur d'avoir donné le jour à son historien Chevard, qui lui a si bien dévoilé le secret étymologique de son nom.

Le territoire de Chartres, à l'exception du peu de vignobles plantés sur les coteaux qui bordent la vallée de l'Eure, et du peu de prairies qui tapissent cette vallée, offre, comme toute la Beauce, une vaste et monotone plaine à blé, qui semble repousser toute autre culture. Cependant, comme l'utile en ce genre est bien préférable à l'agréable, et que la Beauce est à juste titre regardée comme le principal grenier de Paris, quoique les récoltes, en général, n'y rendent pas au-delà du terme moyen de 5 à 6 pour un (*), nous ne pouvons adopter le tableau qu'en fait un poëte latin, dans les deux vers suivans :

Belsia triste solum, cui desunt bis tria : solum
Fontes, prata, nemus, lapides, arbusta, racemus.

dont voici la traduction, pour la commodité des dames ou autres personnes qui n'entendraient pas le latin :

Beauce, triste sol, auquel manque seulement six choses; les fontaines, les prés, les bois, les pierres, les arbres et les raisins.

Nous avons vu que cette dernière production ne manque plus aujourd'hui au pays chartrain; mais elle y manquait sans doute à l'époque de cette épigramme, car il n'y a pas long-temps qu'on s'est mis à y cultiver la vigne. — *Parcouru depuis Paris*. . . . . 21 ½ lieues.

___

(*) Ce produit, bien inférieur à celui de nos meilleures terres, ne peut se concilier avec la grande renommée agricole de la Beauce, fondée sur la grande quantité de grains qu'elle rapporte, si l'on ne considère qu'elle doit cette fécondité céréale moins à la qualité de son sol qu'à l'étendue de ses champs, et à une population composée, en grande partie, de fermiers et de laboureurs: ce qui dégage le pays de cette quantité de bouches inutiles, destinées à consommer ailleurs la surabondance des moissons.

IIᵉ. ROUTE DE PARIS A TOURS.

lieues.

§ 7. *De Chartres à la Bourdinière*...... 4

On traverse, en partant, les vignobles de Chartres pendant une demi-lieue, et le village de Thivars, à mi-chemin, au milieu des terres à blé : la Bourdinière est un hameau. — *Parcouru depuis Paris*.............. 25 $\frac{1}{2}$

---

§ 8. *De la Bourdinière à Bonneval*.... 4

Vers le milieu de la distance, on trouve le village de Bois-de-Fougères, et vers les deux tiers, on laisse à droite, au bout d'une longue avenue, le château de Montboissier, appartetenant à M. de Colbert. Bonneval est une petite ville de 1800 habitans, avec bureau de poste. Elle n'a qu'une rue, celle qui la traverse, et qu'une bonne auberge, celle de l'Image.

Elle n'offre d'ailleurs rien d'intéressant que son ancien collége de bénédictins, converti aujourd'hui en une filature de coton par M. Alexandre Dufrayer. C'est un fort beau bâtiment : on ne le voit bien que de l'enclos qui en dépend. Cet enclos renferme un coteau couvert de bois, qui offre un joli rideau, et de charmantes promenades. — *Parcouru depuis Paris*................. 29 $\frac{1}{2}$

lieues.

§ 9. *De Bonneval à Châteaudun.* 4

Même nature de plaine : trajet du Loir au départ. Au bout de deux lieues et demie, on longe à gauche le parc et le château des Coudreaux, appartenant jadis au maréchal Ney, aujourd'hui à sa veuve. Une demi-lieue plus loin, on traverse le village de Marboë, au sortir duquel on repasse le Loir. On a quelque temps en perspective, avant d'y arriver, la ville de Châteaudun. C'est le siége d'une sous-préfecture et et d'un tribunal de première instance. Elle renferme environ 6000 habitans. Incendiée en 1723, et reconstruite sur un plan régulier, elle est devenue une des plus jolies villes de France. On y voit des rues droites et larges, une grande place carrée, des maisons propres, uniformément bâties, et quelques édifices remarquables, tels que l'hôtel-de-ville et le couvent des génovéfains, où est établie la sous-préfecture, mais par-dessus tout, le château gothique des comtes de Dunois, qui l'ont fait bâtir au 10e. siècle. C'est un des plus beaux monumens de ce genre que possède la France. On en admire surtout la prodigieuse hauteur, la parfaite conservation, et la façade, sculptée en filigranes. Il n'a pas

IIe. ROUTE DE PARIS A TOURS.

été fini, comme on en juge aux pierres d'attente qu'on y remarque. Ce qu'il offre de plus frappant à l'attention des voyageurs, est sa grosse tour, sur les murs de laquelle j'ai lu l'inscription suivante, qui nous apprend tout ce qu'il nous importe d'en savoir : « *J'ai été construite par Thibaut le Vieux ou le Tricheur, comte de Dunois, au commencement du* 10e. *siècle. Ma hauteur, jusqu'à l'entablement, est de 90 pieds, et en total, la fleur de lys comprise, de 138. Mon diamètre intérieur, pris par le bas, est de 27 pieds, et ma circonférence intérieure de 85, extérieure de 167* ». Les murs ont près de 15 pieds d'épaisseur. La toiture de la charpente est généralement admirée.

Après cette tour, on remarque encore les deux escaliers du château et la chapelle, décorée de diverses statues, au nombre desquelles on nous a fait distinguer celle du *beau Dunois*: telle fut la désignation de mon indicateur, et tel est sans doute le nom qu'on donne dans le pays au célèbre comte de Dunois.

Si je faisais comme la plupart des géographes, qui se copient tous scrupuleusement les uns les autres, je répéterais d'après eux, que les habitans de Châteaudun ont l'esprit *vif et pénétrant*. Si je faisais comme cet anglais, qui jugeait toutes les femmes de Blois par son hôtesse, je jugerais assez bien celles de Châteaudun, (j'étais logé à l'hôtel de la poste); mais je les jugerais fort mal par les échantillons de la bonne société de cette ville, que m'a offert la seule maison où j'ai eu occasion de me présenter; c'était pourtant une maison à porte cochère et à équipage. Trois demoiselles ou dames, dont la plus jeune avait passé vingt-cinq ans, dont la plus belle ne l'était pas du tout, déjeunaient dans le salon; le maître de la maison m'a salué et accueilli avec honnêteté, les dames ne m'ont ni salué ni regardé; elles ont continué leur babil de petite ville, sans prendre aucun intérêt à notre conversation, qui devait cependant en avoir plus pour elles (il était question de leur pays) que n'en pouvait avoir la leur pour nous.

Elles ne m'avaient pas salué quand je suis entré, elles ne m'ont pas salué davantage quand je suis sorti, malgré la très-profonde courbette que je leur ai adressée, pour mettre à l'epreuve leur civilité. « Peut-être que M. l'inspecteur n'est ni jeune ni beau, diront quelques malins lecteurs, et il y a bien des dames qui n'aiment pas ça ». Vous avez deviné, chers lecteurs, mais les dames polies saluent tout le monde; si elles n'accordaient leurs salutations qu'à la jeunesse et à la beauté, combien d'entre vous auraient le même sort que moi? Au surplus, ce triste sort, mérité ou non, je ne me rappelle de l'avoir éprouvé qu'une autre fois dans mes voyages, et c'était encore avec une vieille dame de Châteaudun, ce qui me fait présumer que c'est un ton particulier à la patrie du *beau Dunois*. Ce seigneur, recommandable sous tant d'autres rapports, avait sans doute accoutumé les dames de sa ville et de son temps, à compter les charmes de la figure et de la jeunesse au nombre des principaux mérites d'un chevalier français, et les dames de nos jours ont hérité à Châteaudun de ce vieux ton de leurs devancières.

En tout pays les fautes sont personnelles, et l'on ne doit jamais juger du particulier au général, suivant les principes que nous professons nous-mêmes; seulement, quand on a des motifs de prévention, on est porté à prendre des renseignemens. J'en ai donc pris sur le compte de la ville de Châteaudun : il en est résulté qu'elle est accusée de morgue par ses voisines, qui lui ont donné, d'un commun accord, le nom de ville de *Montorgueil*. Cette morgue venait de se manifester, dit-on, peu de jours avant mon passage, à la fête de Saint-

Louis, où les rangs avaient refusé de se confondre. C'était la première fois qu'on célébrait cette fête depuis la restauration.

Quoiqu'il en soit des habitans de cette ville au 18e. siècle, elle a fourni quelques illustres dans les siècles précédens. Les principaux sont : Raoul Bouthrais, mort en 1630, auteur de divers ouvrages de jurisprudence, et d'un panégyrique de la ville d'Orléans, en vers latins; Timoléon Cheminais, bon prédicateur, mort en 1689, et Jean Toutin, habile orfévre, qui trouva en 1632, le secret de peindre sur émail. Elle a aussi sans doute, quelques grands-hommes vivans, mais ils ont échappé à mes recherches.

Il n'y a aucun commerce à Châteaudun, ni aucune autre industrie qu'une manufacture de couvertures de laine, dont ne parle pas le prétendu *Itinéraire français*, qui lui donne en revanche, et suivant son usage, des fabriques et des filatures qu'elle n'a point.

La terre de Châteaudun a passé par succession à la maison de Luynes. Cette ville n'a qu'une petite promenade en terrasse, d'où l'on jouit, sur le vallon du Loir, d'une fort belle vue, inférieure néanmoins à celle que nous ont offerte en arrivant, et la ville elle-même et le coteau demi-circulaire d'où lui vient son nom de *Castello dunum* (*), et les vignobles qui tapissent le penchant de ce coteau, et les prairies qu'arrose à ses pieds la rivière du Loir.

Le roc qui forme le noyau de la colline est craïeux, entremêlé de cailloux et percé de grottes, dont quelques-unes sont habitées, comme celles de Tours.

Le sol de la plaine produit en froment le terme moyen de 6 pour 1. — *Parcouru depuis Paris*. . . . . 33 ½ lieues.

§ 10. *De Châteaudun à Cloye*. 3

Chemin plat et ordinairement bon dans la vallée, qu'on peut appeler aussi *la plaine* du Loir, tant elle est large et peu profonde. On a continuellement cette rivière à droite. Vers les trois quarts de la distance, on voit le très-gothique château de Montigny, sur une éminence qui domine la vallée, de l'autre côté de la rivière.

Cloye, petite ville sans commerce et sans au-

(*) On sait que le mot *dun*, dont les latins ont fait *dunum*, signifie en langue celtique, hauteur, montagne, colline, etc.

cun genre d'importance ni d'intérêt, est un chef-lieu de canton. Il y a 1500 habitans, un bureau de poste et d'assez bonnes auberges. Le Loir, qu'on y traverse, la sépare de son faubourg, et arrose de bonnes prairies entremêlées de champs fertiles. — *Parcouru depuis Paris.* . 36½ lieues.

§ 11. *De Cloye à Pezou.* 4
§ 12. *De Pezou à Vendôme.* 3

On continue à cotoyer le Loir, que nous avons suivi en le franchissant trois fois depuis Bonneval : nous l'avons actuellement à droite. Au commencement de la première distance, on passe du département d'Eure-et-Loir dans celui de Loir-et-Cher ; vers le tiers, on longe à gauche, le château de Rougemont, appartenant jadis à M. de la Chenaye, et converti en un établissement de verrerie par le propriétaire actuel ; vers les deux tiers, on remarque, à une demi-lieue sur la gauche, une grosse tour : elle domine le village de Fretteval, connu par ses forges.

Pezou est un village de cinquante à soixante feux, sans intérêt comme sans ressource pour le voyageur.

La deuxième distance n'offre d'autre pers-

IIe. ROUTE DE PARIS A TOURS.

pective que celle de la ville de Vendôme, qu'on voit au pied d'un coteau de vignes développé en croissant, baigné par le Loir, et couronné par un rocher, qui l'est lui-même par les ruines de l'ancien château des ducs de Vendôme, détruit dans la révolution. Elle a porté ses fureurs jusque sur les tombeaux des princes de la maison de Bourbon, notamment de Jeanne d'Albret, mère d'Henri IV. Cette ville, mal percée et médiocrement bâtie, renferme un beau collége, qui jouit d'une réputation ancienne et méritée, et un beau couvent de bénédictins, dont les cloîtres ont été transformés en casernes de cavalerie, les allées de l'enclos, en promenades publiques, et l'église conventuelle, en église paroissiale.

Vendôme.

Celle de Saint-Martin a été convertie en halle. Dans un des piliers est enchassée la tête de Jacques Maillé de Benard, gouverneur de Vendôme lors de la prise de cette ville par Henri IV, qui refusa sa grâce, en disant qu'il n'avait su ni se rendre ni se défendre; effectivement, il laissa prendre la place d'assaut, ce qui en occasionna le pillage. Les vieilles fortifications de Vendôme n'existent plus. La porte ouverte en face de la route de Tours est dans un petit bâtiment qui sert d'hôtel-de-ville.

La rivière du Loir se divise à Vendôme en plusieurs bras, dont les deux principaux séparent cette ville de ses faubourgs. Sa population est de 7 à 8000 habitans, et de 9000, en y comprenant la banlieue. C'est le siége d'une sous-préfecture et d'un tribunal civil.

Son principal commerce consiste dans ses ganteries, jadis très-renommées, aujourd'hui très-languissantes. Les voyageurs trouvent dans cette ville une assez bonne auberge et un établissement de bains publics. C'est la patrie du célèbre Ronsard, surnommé le prince des poëtes de son temps, né au château de la Poissonnière, et mort en 1585; de l'historien Nicolas Baudot de Juilli, mort en 1759; et de l'académicien Jacques Adam, collaborateur de l'abbé Fleury pour l'Histoire ecclésiastique, mort en 1785.

lieues.

Parcouru depuis Paris. 43½

---

§ 12. *De Vendôme à Neuve-Saint-Amand.* . . 3½

§ 14. *De Neuve-Saint-Amand à Château-Regnault.* 3½

On abandonne les bords du Loir, après l'avoir traversé pour la quatrième fois à Vendôme; il dirige ici son cours vers l'ouest, pour aller se jeter dans la Sarthe. La plaine monotone

IIe. ROUTE DE PARIS A TOURS.

qu'on parcourt est assez fertile et la route assez bonne.

Une lieue après le relais de Neuve-St.-Amand, on traverse une belle allée, conduisant du château du Plessis, qu'on laisse à cent toises sur la droite, au bourg de St.-Amand, situé à cinq cents toises sur la gauche. C'est de ce bourg que dépend la maison isolée de la poste de Neuve, qui en a pris le nom pour le joindre au sien.

L'avenue qu'on voit à droite en arrivant à Château-Regnault, est celle du château seigneurial dont cette ville tire son nom (Château de Regnault, *Castellum Rainaldi* ou *Reginaldi*). Elle s'appelait avant l'an 1048, Carament, *Caramentum*. Divisée en ville haute et basse; elle se compose d'une assez belle place qu'on traverse dans la ville haute, et d'une fort vilaine rue qu'on parcourt dans la ville basse. L'ensemble présente moins l'apparence d'une ville, que celle d'un grand village. Elle renferme une population de 2500 habitans, y compris une partie seulement de la ville basse, dont le reste dépend d'une autre commune. Cette ville fabrique des cuirs renommés et de grosses draperies propres à la troupe. Elle a un bureau de poste. — *Parcouru depuis Paris*... $50\frac{1}{2}$ lieues.

§ 15. *De Château-Regnault à Monnaye*... lieues. 4

Au bout d'un quart de lieue, on longe à droite le parc et le château de la Boisnière, appartenant à M. Mainard, mon collègue dans l'inspection des postes. Le château n'a rien de remarquable, mais le parc est un des plus beaux de France; il est remarquable surtout par la grande quantité d'arbres étrangers qu'il renferme. Le pays devient montueux et infertile. On a une côte à descendre, une autre à monter, vers le milieu de la distance, où l'on traverse un vallon, un ruisseau, et un hameau composé de deux ou trois casemates creusées dans le roc, comme celle que nous avons remarquées en arrivant à Tours par la première route. Les tuyaux des cheminées sortent du sol au milieu des arbres qui l'ombragent.

Monnaye est un village peu considérable.
Parcouru depuis Paris............ 54½

§ 16. *De Monnaye à Tours*......... 3½

Bois, landes et champs arides dans les deux premières lieues. Le pays s'embellit aux approches de Tours, et commence enfin à présenter le riant aspect de la Touraine, dont

IIe. ROUTE DE PARIS A TOURS.

nous sommes loin de nous être fait une idée, depuis que nous sommes entrés dans cette province, si célèbre par sa richesse et sa beauté. On est bientôt au milieu de ses riches vignobles.

Peu avant d'arriver, on trouve une demi-lune où aboutit la route du Mans, et où commence la belle avenue qui, creusée en cavée profonde entre deux tertres unis et gazonnés et deux trottoirs établis à mi-pente, conduit au magnifique pont de Tours.

(*Voyez, pour la description de ce pont et de la ville, comme du reste de la route, la première de Paris à Bordeaux.*)

Parcouru depuis Paris jusqu'à Tours, par la seconde route. . . . . lieues. 58

FIN DE LA DEUXIÈME ROUTE DE PARIS A TOURS.

PREMIÈRE ROUTE

DE PARIS A BORDEAUX,

Par Orléans, Tours et Poitiers.

156 lieues.

Depuis Paris jusqu'à Tours. (*v.* 1re. *r^{te}. par Orléans.*)

21 *Paragraphes*. . . . . 58 ½ lieues.

(2e. *route par Versailles*, 58 *lieues.*)

§ 22. *De Tours à Montbazon.* 5

ON parcourt l'avenue que nous avons rangée parmi les belles promenades de Tours, au milieu des vastes prairies qui séparent la Loire du Cher; elle se prolonge au-delà de cette dernière rivière, qu'elle franchit sur un beau pont, et se termine à la maison de Grammont, appartenant jadis à l'archevêque de Tours, aujourd'hui à M. Lecomte, ancien lieutenant des maréchaux de France. Là on tourne à droite, en gravissant une côte assez rapide, et laissant à gauche un chemin qui mène, par la petite ville de Bléré, à celle de Montrichard, peuplées l'une et l'autre de 1800 à 2000 habitans.

Elles sont situées, la première dans le département d'Indre-et-Loir où nous sommes, la seconde dans celui du Loir-et-Cher.

Au bout d'une lieue, nous laissons à droite la route de Chinon, ville bien plus considérable, siége d'une sous-préfecture, peuplée de 6600 habitans, et très-commerçante en grains, vins, cuirs, etc. Elle est connue, dans l'histoire, par la mort du roi d'Angleterre Henri II, qui en faisait le siége en 1188, ainsi que par le séjour de Charles VII, pendant que les Anglais occupaient Paris. C'est là que la célèbre Jeanne d'Arc vint offrir à ce roi presque sans royaume, le secours de son bras. Chinon est la patrie de Quillet, auteur de la Callipédie, ou de l'Art de faire de beaux enfans, poëme latin très-agréable. Le facétieux Rabelais est né à la Devinière, près de cette ville. Elle est située sur la rive droite de la Vienne, à huit lieues de l'embranchement. Un peu plus loin, on laisse à gauche la route de Châteauroux, décrite ci-après, (*V. communication*).

On traverse l'Indre sur un pont de pierre, en entrant à Montbazon, bourg de 1200 habitans, qui a un bureau de poste, un marché tous les samedis, et un vieux château appartenant à la famille de Rohan. Il est agréable par sa situation au milieu des prés et des vignobles qui bordent l'Indre. A une demi-lieue ouest, sur la rive droite de cette rivière, est la poudrerie du Ripault, établissement considérable qui emploie environ cent ouvriers ; les bâtimens en sont beaux et vastes. — *Parcouru depuis Paris*............................ 63½ lieues.

---

§ 23. *De Montbazon à Sorigny*....... 2
§ 24. *De Sorigny à Sainte-Maure*...... 4

Plaine cultivée en blé, route toujours bordée d'arbres, d'abord de noyers, ensuite de frênes, aussi beaux les uns que les autres. Elle est fort boueuse en hiver, par la nature du sol. Il produit le terme moyen de 5 à 6 pour 1 ; mais il dégénère à mesure qu'on avance.

Vers la fin de la première distance, on trouve le village de Sorigny, qui donne le nom au relais, situé dans une maison seule, un quart de lieue au-delà. Vers les deux tiers de la seconde, on laisse, sur la gauche, la chapelle de Fierbois, où l'on dit que Jeanne d'Arc alla prendre l'épée de Charlemagne. Ste-Maure est une petite ville de 1500 habitans. Elle a un bureau de poste. On la laisse à quelques portées de fusil sur la gauche, en suivant un chemin agréable, bordé d'arbres et de maisons, au nombre desquelles en est une plus remarquable que les autres; c'est celle de la poste, qui est en même temps la meilleure auberge du lieu. A trois lieues ouest de cette ville est celle d'Ile-Bouchard, renfermée dans une île de la Vienne, et peuplée de 1000 à 1200 habitans. Elle a vu naître l'historien généalogiste André Duchesne, écrasé en 1644 par une charrette, en allant de Paris à sa maison de campagne de Verrières. C'est le centre du commerce des pruneaux de cette contrée. — *Parcouru depuis Paris*. . . . . 69 ½ lieues.

§ 25. *De Sainte-Maure aux Ormes*. 4

Au bas de l'avenue par laquelle on quitte le faubourg de Ste.-Maure, on laisse à droite le chemin qui mène, par la ville d'Ile-Bouchard dont nous venons de parler, à celle de Chinon dont nous avons parlé plus haut. La route devient sablonneuse comme la contrée, qui ne produit plus que du seigle. C'est ici que les bœufs commencent à partager avec les chevaux les travaux de la charrue. Au bout de deux lieues, on longe à droite une ferme isolée, où était naguère le relais de Beauvais. Une lieue après on traverse le village de la Selle, et une demi-

Ire. ROUTE DE PARIS A BORDEAUX.

lieue plus loin, celui de Port-de-Piles, précédé d'un beau pont sur la Creuse. Cette rivière forme la limite du département d'Indre-et-Loire que nous quittons, et va se jeter une demi-lieue au-dessous dans la Vienne, dont le nom est devenu celui du département où nous entrons.

Sur la rive droite de la Creuse, 3 lieues au-dessus du pont où nous venons de la passer, est la petite ville de la Haie-Descartes, peuplée d'environ 1000 habitans. Elle n'offre rien d'intéressant que la chambre, religieusement conservée, du grand philosophe qu'elle a vu naître, et dont elle a joint le nom au sien. Il y a un bureau de poste et des fabriques de crêpes. On y fait le commerce des grains et des laines.

Le voyageur longe à droite le parc, et bientôt après le château des Ormes, en arrivant au relais, établi à gauche dans le bâtiment qui se dessine en fer à cheval, vis-à-vis de l'entrée de cet élégant château, appartenant à M. Voyer d'Argenson. C'est un des plus beaux de France; mais ce qui frappe surtout les regards est une colonne élancée du milieu de l'édifice avec autant de hardiesse que de légèreté. Elle a 25 mètres d'élévation sur 3 de diamètre : un escalier extérieur et léger comme elle monte en spirale jusqu'au sommet.

On admire, dans l'intérieur du château, la salle d'entrée, le salon anglais revêtu de marbre, la chambre de madame d'Argenson, ornée de colonnes, et un magnifique escalier; à l'extérieur, le jardin anglais et le parc qui s'étend jusqu'au confluent de la Vienne et de la Creuse. M. le marquis d'Argenson avait particulièrement consacré cet enclos à l'éducation des chevaux de race anglaise, et en avait formé un des plus beaux haras du royaume. Son fils s'occupe principalement d'agriculture et de défrichemens. Le haras était composé de cent chevaux anglais de la plus grande beauté: on les vendait 4, 5, et jusqu'à 6 mille francs chacun. Le bâtiment et les écuries, aujourd'hui consacrés au relais, étaient le bâtiment et les écuries du haras : peu d'édifices sont plus convenables à cette destination. A l'établissement de la poste, le titulaire joint celui d'une auberge.

La famille d'Argenson a donné plusieurs grands ministres à l'État, sous les trois règnes de Louis XIII, Louis XIV et Louis XV. Le marquis actuel, aussi recommandable par ses talens et son érudition qu'aucun de ses ancêtres, et plus philosophe, n'a pas cherché, comme eux, le bonheur dans les honneurs: sans attendre que quelque signalée disgrâce l'exilât dans ses terres, il sut s'y reléguer lui-même, sous le règne de l'ambition et de la tyrannie, en se démettant de la préfecture d'Anvers, et refusant ensuite celle de Marseille, pour aller faire des plantations et des améliorations aux Ormes. Adoré de ses anciens vassaux, non-seulement il n'a point partagé les imprudentes prétentions de quelques-uns de ses confrères en infortune, concernant les biens vendus et les droits abolis, mais il a déclaré que, pour lui, quoiqu'il arrivât, il ne voulait plus ni des uns ni des autres.

A 4 lieues vers l'ouest, dans le département d'Indre-et-Loire, est la ville de Richelieu. « On sait, dit M. Millin, que le cardinal de Richelieu la fit bâtir, pour illustrer le chétif village et le petit château où il avait pris naissance. Cette ville, dont les rues sont alignées et les maisons uniformes, qui est d'ailleurs peu habitée, sans commerce et sans vie, dans une situation triste et peu commode, me parut la plus ennuyeuse qu'on pût voir. Du milieu de la grande place, où sont l'église et la halle, on en suit toutes les rues; un quart-d'heure suffit pour les parcourir; je me rendis aussitôt au château.

» J'espérais trouver dans cette ambitieuse demeure, de quoi satisfaire ma curiosité, malgré quelques dégradations qu'elle avait subies, et mon attente ne fut point vaine : la grandeur des cours, la majesté de l'édifice, les marbres dont il était revêtu, les sculptures dont il était décoré, les statues et les bustes de bronze et de marbre, ouvrages antiques plus ou moins restaurés, qui remplissaient les niches nombreuses pratiquées dans les murs, auraient suffi pour fixer l'attention d'un ami des arts.

» Mon étonnement s'accrut en parcourant les vastes et nombreux appartemens couverts de dorures aussi éclatantes que si elles sortaient des mains de l'ouvrier : dans les uns, il y avait des tableaux allégoriques, dans d'autres, des portraits des *Duplessis*, des *Vignerots*, des *Richelieu*, ou de quelques personnages vraiment historiques. Partout on distinguait des chiffres galans, des devises morales et politiques.

» Je parcourus le salon somptueux et la grande et magnifique galerie de tableaux relatifs à la prise de la Rochelle et aux principaux événemens du ministère du Cardinal......, Mais pourquoi communiquerais-je aujourd'hui ces notices ? le château de Richelieu n'existe plus. Cette habitation, dont les dépenses ne sauraient se calculer, a été vendue pour cent cinquante mille francs, à un de ces destructeurs de châteaux qui ne voient, dans les plus belles productions de l'art, que de la pierre, du fer et du plomb. Ce singulier propriétaire qui, comme il le disait lui-même, en était à son quatrième château, arriva bientôt la toise à la main, avec ses ouvriers, et accompagné d'un notaire, qui dressa un inventaire bizarre, dans lequel Mercure et Vulcain reçurent le nom de Cupidon. Tout fut détruit, et l'on se demande aujourd'hui : *où était Richelieu ?* »

M. Millin prend ici la partie pour le tout : il veut dire, *où était le château de Richelieu,* car la ville est toujours à sa place. Il a été fort bien instruit de ce qui s'est passé depuis son voyage. Une circonstance vient cependant atténuer ce qu'a toujours d'odieux la destruction des édifices : c'est la condition imposée à l'acheteur par les vendeurs eux-mêmes, qui exigèrent la démolition du château, pour qu'il ne fût pas habité après eux par des étrangers.

La ville de Richelieu, quoique dépeuplée, renferme environ 3000 habitans : c'est une des plus jolies que nous connaissions. Le tableau rapide et animé qu'en fait M. la Vallée dans son voyage des départemens, va nous compléter agréablement la description de M. Millin. Le lecteur doit aimer à rencontrer ainsi plusieurs touches, dans un ouvrage que nous cherchons à varier de toutes les manières, afin de le préserver de l'uniformité qui est son plus dangereux écueil.

« Richelieu n'était qu'un village; le Cardinal y naquit, il voulut que ce fut une ville : l'humanité voudrait que ce fût un désert, et son vœu est en partie accompli. Le Cardinal parla, des palais s'élevèrent, l'orgueil bâtit, la flatterie habita; mais le Cardinal mourut, et les hommes depuis ont semblé fuir le berceau d'un tyran. Des édifices superbes, et le silence de la mort; des rues magnifiques, et des pavés ombragés d'herbe; les pilastres de la grandeur, et la tristesse de la misère : tel est ce monument de la vanité. Il semble que Richelieu y vit encore, et que nul n'ose en approcher. Quand on parcourt cette ville, et qu'on se rappelle Ferney, c'est alors que l'on apprend à juger de quelle importance est la philosophie dans un grand-homme. »

Notre marche a été suspendue par les deux beaux châteaux des Ormes et de Richelieu, et par le souvenir des deux grands Ministres qui les ont bâtis. Le château des Ormes, où nous allons rejoindre notre route, est attenant à un bourg de 60 feux, que la route longe à

droite; et ce bourg possède un bureau de poste. lieues.
— *Parcouru depuis Paris.* 73½

§ 26. *Des Ormes à Ingrande.* 3
§ 27. *D'Ingrande à Châtellerault.* 2

Plaine toujours sablonneuse, cultivée en seigle et peu fertile : même nature de route.

Au tiers de la première distance, on trouve le village de Dangé, et l'on commence à découvrir à droite les coteaux qui bordent la rive gauche de la Vienne, dont on ne cesse de longer la rive opposée, sans la voir. Ces coteaux sont couverts de vignobles, au milieu desquels s'élève, un peu au-delà d'Ingrande, en forme de donjon, le joli château de Valançay ; on laisse à deux lieues sur la gauche, la forêt et la ville de la Guerche, ainsi que le château de ce nom, bâti par Charles VII pour la belle Agnès Sorel. Ingrande est un village qui n'offre aucun genre d'intérêt.

Le sol s'améliore en approchant de Châtellerault, quoique toujours de la même nature sablonneuse. Il est même très-bon en certaines parties, où il produit d'excellens légumes, grand objet d'exportation pour cette ville, d'ailleurs très-commerçante, comme nous allons le voir. Peuplée d'environ 10,000 habitans, elle m'a toujours paru composée de masures et de maisons délabrées, jusqu'à mes derniers passages, où j'ai trouvé ces masures entremêlées de maisons neuves et propres, qu'elles déparent par leur hideux voisinage, plus qu'elles ne les font ressortir par le contraste qui en résulte.

Ces belles, mais très-peu nombreuses bâtisses sont dues, ainsi que le joli port qu'a fait construire la ville sur la rive droite de la Vienne, au commerce d'entrepôt intérieur qu'elle faisait de nos jours, pendant la longue durée de la guerre maritime, véritable source de son commerce et de sa prospérité temporaire. Ce long état de guerre y a fait fixer un grand nombre de maisons de commission. Les vins et eaux-de-vie du midi y arrivent par terre et s'y embarquent sur la Vienne, qui les transporte à la Loire, près de Candes, petite ville située à quelques lieues au-dessus de Saumur; de là ces denrées remontent le fleuve jusqu'au canal d'Orléans, qui les porte à la Seine. Les toiles et draperies du nord suivent la même voie, par eau, jusqu'à Châtellerault, et par terre depuis là jusqu'à Bordeaux.

Quant aux vieilles maisons de Châtellerault,

elles sout dues au commerce et à la fabrication considérable, mais ingrate, de la coutellerie, qui est depuis long-temps l'apanage de presque tout le peuple de cette ville. Il y a, dit-on, cinq cents familles de couteliers occupées et nourries, mais non enrichies par cette profession. L'élégance et le bon marché des couteaux de Châtellerault en font le principal mérite, et le manque de solidité le principal défaut.

Ce que nous avons dit de l'excessif empressement des marchands de couteaux à Moulins (*V.* 2e. *route de Paris à Lyon*, § 26), s'appliquerait encore mieux à celles de Châtellerault. Pour ne pas nous répéter ici, par le tableau des mêmes importunités, nous allons copier celui qu'en a fait un autre voyageur.

« Dès qu'on arrive à Châtellerault, on est assailli par un essaim de femmes qui veulent à toute force vendre des couteaux. On a beau se cantonner dans sa voiture, elles sont bientôt suspendues aux portières, sur les moyeux et les raies des roues, ou groupées sur des chaises. L'imagination s'effraie des accidens qui pourraient arriver si les chevaux partaient ; on craint d'être cause de quelque malheur, on ouvre la glace, la séduction entre aussitôt; inquiété, tourmenté, on finit par acheter.

Alors le malin postillon, qui était d'accord avec ces bruyantes solliciteuses, donne le coup de fouet; mais jusque-là il a toujours quelque chose à faire, ou quelque partie de son harnois à raccommoder. »

Si la commission est une branche de commerce plus considérable pour Châtellerault que la coutellerie, en ce qu'elle roule sur des affaires plus importantes, la coutellerie est une branche plus générale, en ce qu'elle y occupe un plus grand nombre d'habitans.

La Vienne traverse cette ville, ou plutôt la sépare d'un de ses faubourgs. Le voyageur l'y franchit sur un magnifique pont en pierre de taille, auquel il arrive par une fort belle avenue en forme de promenade. Au bout de ce pont est un joli petit château bastionné de quatre grosses tours, sous lequel passe la route : c'est une porte de ville, construite par les soins du grand Sully; ainsi elle ne date que du règne d'Henri IV, et non de l'origine de cette ville, comme le pense M. Millin, qui prétend que c'est à ce château qu'elle doit son nom. Le vieux *castel Hérault*, ou *château d'Hérault*, n'existe plus; il était ainsi nommé, parce que le seigneur qui l'avait fait bâtir s'appelait *Hérault* : ce seigneur vivait dans le XIe. siècle.

Châtellerault, siége d'une sous-préfecture, d'un tribunal civil et d'un tribunal de commerce, est la patrie de Jean Daillé, célèbre ministre protestant, et auteur de divers ouvrages de controverse écrits en latin.

La navigation de la Vienne, qui contribue tant à la prospérité de cette ville, commence 3 lieues plus haut, au port de Chitré, où se pêchent les saumons qui remontent cette rivière. — *Parcouru depuis Paris*. . . . .

lieues.
$78\frac{1}{2}$

§ 28. *De Châtellerault aux Barres*. 2
§ 29. *Des Barres à la Tricherie*. 2
§ 30. *De la Tricherie à Clan*. 2
§ 31. *De Clan à Poitiers*. 4

Au sortir de la ville, on traverse la très-petite rivière de l'Avigne; on parcourt ensuite une plaine continuelle, cultivée en blé et assez fertile. Le premier relais est situé dans une maison seule, dépendante du village de Nintré, qui en est à peu de distance; le second et le troisième, dans deux hameaux, l'un de 20 à 25, l'autre de 30 à 40 maisons; ce dernier est situé sur la rive gauche du Clain, que nous cotoyons à plus ou moins de distance, depuis son embouchure dans la Vienne entre Châtellerault et les Barres, comme nous avons cotoyé la Vienne elle-même depuis Châtellerault jusqu'à cette embouchure, près de laquelle les amateurs peuvent chercher les faibles restes de ce qu'on appelle le *vieux Poitiers*. Le Clain forme des nappes et des ilots d'un effet très-pittoresque, derrière la poste de Clan.

Une lieue après ce relais, on traverse, sur un pont de pierre, un ruisseau qui se jette dans le Clain, dont le fertile vallon produit en froment de 6 à 7 pour 1, dans cette partie, et de 7 à 8, près de Poitiers. La route s'élève en terrasse, et domine la vallée; elle est dominée elle-même du côté opposé par un escarpement calcaire extrêmement pittoresque. Le pied de ce coteau, intéressant par la bizarrerie de ses formes, se change quelquefois en talus, et les talus en vignobles : c'est la seule variété que nous offre cette route depuis que nous avons quitté les bords de la Loire. Poitiers se présente en perspective sur le penchant de la colline opposée; on y arrive par la porte basse du faubourg de la Cueille, où l'on traverse la Boivre, en laissant la partie haute sur la colline dont on longe le pied à gauche.

Poitiers. Le confluent de la Boivre et du Clain, la petite promenade du pont Guillon, qui occupe l'intervalle des deux rivières, les vieilles tours, débris encore imposans du gothique château dont cette promenade a pris la place, la fraîcheur des gazons, celle des eaux, les méandres qu'elles décrivent, les moulins qu'elles mettent en mouvement, les belles allées de boulevarts qu'elles baignent, la superbe maison des bains qu'elles alimentent, le bâtiment de l'abbaye et de l'église de Montierneuf qui s'élève derrière ce tableau, enfin l'amphithéâtre que forme la ville, derrière tout cet ensemble : telle est la perspective qu'offrent les abords de Poitiers. Pour en bien jouir, il faut monter sur le coteau des dunes, qui s'élève en face, au-dessus de l'avenue par laquelle nous arrivons.

Les rues qui vont nous introduire dans cette ville sont excessivement escarpées et pénibles à parcourir, tant par la rapidité des pentes que par la mauvaise nature des pavés. Si toutes les autres ne sont pas également escarpées, elles sont du moins toutes également étroites et tortueuses, mal bâties et mal pavées ; elles n'aboutissent qu'à des places sans majesté, sans ornement, sans régularité, sans étendue. La place d'armes et celle de la poste aux lettres ne méritent qu'une faible exception. Les maisons, comme dans toutes les anciennes villes, ne sont que des habitations accolées les unes aux autres, sans que la commodité, et encore moins le goût et l'art aient été consultés : on se croirait dans un grand village.

Les voyageurs qui n'ont rien à faire dans la ville n'en emportent pas ces fâcheuses impressions, en suivant la grande route qui la tourne à droite, le long d'une espèce de boulevart, où sont les principales auberges. Cependant le parc de Blossac, qu'un intendant a baptisé de son nom, est une promenade qui parerait les plus belles villes. Élevée en terrasse, elle domine sur la rivière du Clain, et offre une vue aussi étendue que variée. Commencée en 1752, elle n'a été achevée qu'en 1771.

La cathédrale est le plus bel édifice de la ville, sans mériter néanmoins un rang distingué à côté de nos principaux monumens gothiques. Son mérite consiste dans sa large nef, portée sur 16 piliers, qui paraissent moins la séparer des bas-côtés, que soutenir une seule et large voûte, parce que les nefs latérales sont presque aussi hautes que celle du milieu : ce qui, n'étant pas conforme aux proportions ordinaires, fait juger que cette dernière n'a pas atteint la hauteur qui lui était destinée; mais on est moins frappé de ce défaut que de l'élévation des bas-côtés, de leur largeur, de celle des arcades, et de la hardiesse générale de tout l'ensemble.

On remarque aussi le chœur de cette église, ainsi que la tribune moderne qui porte l'orgue. Elle renferme un tableau en relief, et un tombeau antique de marbre, dont l'inscription presque indéchiffrable a été interprêtée ainsi, d'une manière assez heureuse : *Claudiœ Varenillœ, Claudii Vareni consulis filiœ, civitas Pictonum funus locum statuam monumentum publicum, Marcus Censorinus Pavius legatus Augusti, proprœtor provinciœ Aquitaniœ, consul designatus maritus honore contentus suâ pecuniâ ponendum curavit.* Cette explication nous paraît une des plus heureuses découvertes d'énigmes en ce genre. Voici, pour la commodité des dames et de tous ceux qui n'entendent pas le latin, la traduction française de cette inscription : « A Claudia Varenilla, fille du consul Claudius Varenus, la ville des Pictones a décrété, pour elle, des funèrailles, un lieu de sépulture, une statue et un monument public : Marius Censorinus Pavius, légat d'Auguste, propréteur de la province d'Aquitaine, consul désigné, son mari, satisfait de l'honneur qui lui a été décerné, a fait faire à ses frais ce monument. »

Les amateurs des contrastes doivent visiter, après la cathédrale, l'église de Notre-Dame-la-Grande, édifice également gothique, dont les bas-côtés sont aussi étroits que sont larges ceux de la cathédrale. L'église de Sainte-Radegonde mérite aussi l'attention des voyageurs, par sa belle et large nef sans piliers. La Sainte y repose dans un tombeau qui m'a paru de pierre brute, à la sombre lueur des lampes qui éclairent le petit caveau dont il occupe le milieu. Ce caveau est derrière le chœur. J'y ai vu plus de personnes prosternées qu'au maître-autel de l'église, comme si l'on avait plus de confiance dans la Sainte qu'en Dieu même ; mais cette direction donnée aux prières s'explique par ce qui se passe dans le monde : on traite le Roi du Ciel, comme les rois de la terre, qu'on sollicite par des protecteurs intermédiaires, n'osant pas les aborder directement.

La chapelle du *Pas-de-Dieu*, que M. Millin dit avoir été transportée dans cette église, de celle de Sainte-Croix où elle était auparavant, a échappé à mon attention. « On y voit à gauche, dit ce savant, Sainte-Radegonde, couverte d'un voile noir, et vêtue d'un manteau bleu, parsemé de fleurs-de-lis d'or. Elle est à genoux devant Jésus-Christ, qui est debout, vêtu d'un manteau rouge doublé d'or. Entre eux est la trace du *pas de Dieu*, sur laquelle est une cage de fer attachée par un cadenas. Il y a toujours sous la cage quelques pièces d'argent déposées par les fidèles. » M. Millin a négligé de donner la curieuse origine de cette chapelle, et de cette dénomination de *Pas-de-Dieu*.

La voici telle que nous la raconte Piganiol : « Baudomine, dit-il, qui avait été élevée dès le berceau avec Sainte Radegonde, et qui la suivit dans le cloître, rapporte que le 3 août de l'an 590, cette Sainte, après avoir été comme absorbée dans la prière et la contemplation, revint de cette extase, et vit, dans sa cellule, un beau jeune homme tout resplendissant de gloire. Elle fut troublée de cette apparition, mais il la rassura, en lui disant qu'il était le Christ, qui venait pour la consoler, en l'assurant qu'il était toujours avec elle, et qu'elle était une des plus belles pierreries de sa couronne. Jésus-Christ disparut, mais il laissa l'impression d'un de ses pieds dans sa cellule : c'est ce qu'on appelle le *Pas-de-Dieu*. »

Cette apparition dans la cellule d'une religieuse, et cette courtoisie d'un beau jeune homme envers une jolie dévote, rendraient aujourdhui l'entrevue fort suspecte; et notre malin siécle, au lieu de reconnaître, dans ce beau cavalier, un Dieu qui s'est fait homme, s'obstinerait à n'y voir qu'un homme qui s'est fait dieu.

La petite église de Saint-Jean, attribuée aux Romains, nous paraît évidemment des temps postérieurs. On y remarque l'architecture qu'on a nommée gothique, combinée avec celle du moyen âge.

Voilà toutes les églises qu'on remarque, et à peu près tout ce qu'on peut voir à Poitiers, que je ne crains pas de baptiser ici : la plus vilaine ville, et le plus grand village de France. Aucun monument moderne n'y arrête les regards du voyageur. Quelques édifices antiques ont décoré cette ville : elle n'en conserve aucun vestige; son palais Gallien n'est plus qu'un souvenir, son amphithéâtre qu'un amas de décombres. Je n'ai point vu les restes d'un arc de triomphe mentionné dans plusieurs géographies; ceux de l'aqueduc, qu'on voit à un quart de lieue vers le sud, sont très-peu de chose.

Le monument celtique appelé la *Pierre levée* est à pareille distance vers le nord : c'est une énorme table de pierre brute qui a environ 18 pieds dans sa plus grande largeur, et près de 3 d'épaisseur ; elle n'est aujourd'hui soutenue que par un seul pilier, aussi brut que la *Pierre levée* elle-même. Quatre autres piliers qui la soutenaient se sont écroulés, et celui qui subsiste penche beaucoup vers sa ruine.

Le transport de cette pierre est un tour de force attribué, par la tradition populaire, à sainte Radegonde, qui la porta sur sa tête, et les piliers dans son tablier; par Bouchet, à Éléonore, fille de Guillaume X, qui la fit élever pour servir de limite à un champ de foire; par Rabelais, à Pantagruel, qui la prit dans une vigne et la porta en cet endroit pour amuser les étudians, ses camarades, à grimper et écrire leurs noms dessus; enfin par les antiquaires, qui savent que la France abonde en monumens semblables, aux Gaulois, qu'on croit avoir fait leurs sacrifices sur ces pierres, regardées, pour cette raison, par la plupart d'entre eux, comme des autels druïdiques.

Avant de quitter Poitiers, nous avons voulu voir, pour ne rien omettre, la bibliothèque du collége et la grande salle du palais de justice, qui m'a un peu rappelé, par son vaste vaisseau, celle du palais de Rouen. (*V. la description de cette ville, route de Paris à Rouen.*)

Aucun commerce; deux foires par an, à la

mi-Carême et à la Saint-Luc; deux marchés par semaine, le mercredi et le samedi; trois tribunaux, celui d'appel, celui de 1re. instance et celui de commerce; une école de droit, et 18 à 19,000 habitans, au lieu de 80 à 100,000 qu'en pourrait contenir la ville, d'après l'enceinte de ces vieilles murailles, qui renferment beaucoup plus de jardins, de champs et de prairies que de maisons, voilà tout ce qui nous reste à dire de la capitale du Poitou, aujourd'hui chef-lieu du département de la Vienne. Elle paraît avoir été celui des *Pictavi* ou *Pictones*, sous le nom de *Limonum*, que lui attribue Danville, d'après Ptolomée, et non sous celui d'*Augustoritum*, que lui attribuent Piganiol et autres, d'après Valois.

Elle a été six fois assiégée et pillée, savoir: en 410 par les Vandales, en 454 par les Huns, en 730 par les Sarrazins, en 846 et 866 par les Normands, et en 1346 par les Anglais, sans compter les guerres de religion. Son territoire a été le théâtre de trois batailles mémorables: celle de 507, où Clovis défit et tua Alaric, roi des Visigoths; celle de 732, où Charles Martel anéantit la puissante armée de Sarrazins commandée par Abdérame, qui y perdit, d'après les historiens du temps, 3 à 400,000

Iʳᵉ. ROUTE DE PARIS A BORDEAUX. 181

hommes (*), et celle de 1356, où le roi Jean fut fait prisonnier.

Cette ville a vu naître divers personnages célèbres : Exupérance, préfet des Gaules, tué dans une sédition à Arles, l'an 424 ; Saint Hilaire, qui, né païen, se fit baptiser après avoir lu l'Ancien Testament, et devint un des plus redoutables adversaires des Ariens, dont il voulait détacher Valentinien ; Jean la Balue, fils d'un tailleur, qui s'éleva par l'intrigue, d'abord à l'évêché d'Angers, ensuite au chapeau de cardinal, dont il fut gratifié par Paul II, pour avoir travaillé à faire abolir la pragmatique sanction, et qui convaincu ensuite de trahison envers l'état, fut emprisonné, obtint sa liberté, revint en France, sous le titre de légat *à latere*, et mourut à Ancône en 1491 ; Jean Bouchet, auteur de divers ouvrages dans le 15ᵉ. siècle; Gilbert de la Porrée, évêque de Poitiers au 12ᵉ., auteur de divers ouvrages de théologie et de quelques erreurs condamnées par le pape ; Goibaud Dubois, d'abord maître à danser, ensuite gouverneur de Louis-Joseph de Lorraine, duc de Guise, et traducteur médiocre de quelques ouvrages de

---

(*) Il faut retrancher un zéro de ce compte pour le rendre croyable.

Cicéron et de Saint Augustin ; le savant traducteur la Quintinie, nommé par Louis XIV directeur général des jardins de toutes ses maisons royales, et mort à Paris en 1700 ; le prote Leroi, auteur d'un Dictionnaire d'orthographe estimé, et mort à Paris, en 1739 ; le jésuite le Large de Lignac, profond métaphysicien, mort à Paris en 1762 ; Augustin Nadal, auteur de quelques tragédies, et d'une dissertation sur les vestales.

Outre la ligne de poste que nous parcourons, Poitiers a une grande route sur Saumur, par Loudun, ville de 5 à 6000 âmes, siége d'une des sous-préfectures du département de la Vienne, et fameuse par le procès du malheureux Urbain Grandier, chanoine et curé de cette ville, brûlé vif sous le règne de Louis XIII, et sous le ministère du cardinal de Richelieu, pour avoir ensorcelé les ursulines de Loudun (*). La même

___

(*) Il paraît incroyable, dans notre siècle, qu'on ait pu dans le 17e., dans ce siècle des grands-hommes, des grandes lumières et des grands talens, condamner à mort un sorcier; et que ce jugement, qui serait le comble du ridicule, s'il n'était le comble de l'horreur, figure à la même époque de notre histoire où fut fondée l'académie française. Nous ne rapporterons pas ici ce procès qu'on trouve partout; nous dirons seu-

route se prolonge dans la direction opposée jusqu'à Limoges, par Bélac, ville de la Haute-Vienne, qui sera décrite dans le volume de Paris à Toulouse. — *Parcouru depuis Paris*. . . . . . . 88 ½ lieues.

§ 32. *De Poitiers à Croutelle*. 2
§ 33. *De Croutelle à Vivonne*. 4

Plaine de champs, sol calcaire, peu de variété,

lement que l'envie et la vengeance mirent en jeu l'ignorance et la sottise pour en faire les dociles instrumens de la persécution ; les démons eux-mêmes furent évoqués par les juges, qui ne prononcèrent leur arrêt qu'après avoir entendu Astaroth, de l'ordre des Séraphins, Easas, Celsus, Acaos, Cédon, Asmodée, etc.

Il paraît bien extraordinaire, sans doute, qu'on ait entendu en justice les dépositions des diables, et que leur témoignage ait servi de preuve dans un procès criminel où les juges opinèrent à la peine du feu. Ces singuliers témoins n'étaient autre chose que des religieuses possédées chacune d'un démon particulier. « Grandier, dit d'Avrigny, fut condamné sur le témoignage constant et uniforme du *père du mensonge*. » On se demande comment une vingtaine de religieuses ont pu se croire ou se dire possédées; sans doute l'esprit, les grâces, la figure de Grandier avaient fait sur ces pieuses filles une impression d'autant plus vive, que la jalousie s'en mêlait : honteuses de leur faiblesse, elles aimèrent à la croire surnaturelle, et cette pensée épargnait à leur amour-propre l'aveu humiliant de leur fragilité.

fertilité moyenne. On quitte Poitiers par le faubourg de la Tranchée, qui caractérise encore plus le village que tout ce que nous avons vu jusque là. Au bout d'une demi-lieue, on laisse à gauche le chemin qui conduit aux aqueducs dont nous avons déja parlé. Ils sont à un demi-quart de lieue de la route, au milieu des champs, près d'une maison qu'on nomme l'*Ermitage*. Croutelle est un village de trente à quarante maisons. A un quart de lieue au-delà, on laisse à droite la route de la Rochelle, par Lusignan et Niort. Vivonne n'est qu'un bourg, d'après les voyageurs qui ne jugent que sur les apparences ; c'est une ville, d'après les habitans qui se fondent sur les géographes. Ce bourg ou cette ville a un bureau de poste, une halle, un marché tous les samedis, des fabriques de grosses draperies, et 13 à 1400 habitans.

lieues.
Parcouru depuis Paris............ 94 $\frac{1}{2}$

---

§ 34. *De Vivonne aux Minières.* 3
§ 35. *Des Minières à Couhé.* 3

Au sortir de Vivonne, on passe la Vonne, sur un pont de pierre, près de son embouchure dans le Clain, et l'on gravit ensuite une côte rapide. Au bout d'un quart de lieue, on voit à

Ire. ROUTE DE PARIS A BORDEAUX. 185

gauche le château gothique de Cersigny, entouré par les eaux du Clain. Le reste de la distance offre la même nature de pays assez plat, et de route assez bonne en été, très-sujette aux boues en hiver, par la nature des matériaux qui servent à son entretien : ils sont calcaires comme toute la contrée.

Le relais des Minières est dans un hameau, et celui de Couhé dans un bourg de 1000 à 1200 habitans, avec bureau de poste. Un quart de lieue avant d'arriver, on traverse le village de Valence. — *Parcouru depuis Paris*... 99½ lieues.

§ 36. *De Couhé à Chaunay*. 2½
§ 37. *De Chaunay aux Maisons-Blanches*. . . 2
§ 38. *Des Maisons-Blanches à Ruffec*. 3

La route et la contrée changent peu de nature. Chaunay est un village de soixante feux, qui a un bureau de poste et de bonnes auberges. Le hameau de Maisons-Blanches, composé de cinq ou six auberges ou cabarets, est enclavé dans le département des Deux-Sèvres, dont la route parcourt une extrémité ; arrivé à la seconde limite, on entre dans celui de la Charente. Ce trajet d'une lieue en tout, tant avant qu'après les Maisons-Blanches, se reconnaît à la dégradation du chemin, que le département des Deux-Sèvres n'a aucun intérêt à entretenir, cette communication n'étant d'aucune utilité pour lui. A deux lieues E. de ce relais, est la petite ville de Civray, située sur la Charente, et peuplée d'environ 1500 habitans. C'est le chef-lieu d'un des arrondissemens de la Vienne, et le siége d'un tribunal civil. Vers le milieu de la distance de Maisons-Blanches à Ruffec, on longe à droite la montagne des Châteliers, d'où l'on jouit d'une vue très-étendue, et plus loin, pendant trois quarts de lieue, la forêt de Ruffec.

La ville de ce nom n'a rien de remarquable qu'une grande halle, sur la place. Elle est d'ailleurs assez bien percée et bâtie de même. On y compte 2000 habitans. C'est le siége d'un tribunal civil et d'une des sous-préfectures du département de la Charente. Il y a 12 foires par an, tous les 28 de chaque mois, et un marché tous les samedis. Le chemin longe cette ville, plus qu'il ne la traverse, en la laissant presque toute sur la gauche. C'est un pays de grains et de fourrages ; le sol y rend en froment 7 à 8 pour 1 dans les bonnes terres, 5 à 6 dans les moyennes. Dans quelques parties arides, il produit des truffes, mais en petite quantité.

Les fromages de Ruffec ont de la réputation, mais elle nous paraît un peu usurpée. Les habitans en régalent les étrangers, qui ne leur tiennent compte que de leur bonne volonté. On pêche d'excellentes truites dans la petite rivière d'Anche, sur les bords de laquelle est située cette ville. — *Parcouru depuis Paris*. . . . 107 lieues.

§ 39. *De Ruffec aux Nègres.* 2
§ 40. *Des Nègres à Mansle.* 3

Même nature de route, toujours boueuse en hiver et poudreuse en été, par la prompte décomposition des matériaux qui servent à l'entretenir. Même nature de contrée, toujours calcaire, assez plate, assez fertile, et cultivée particulièrement en blé.

Le relais des Nègres est dans un hameau de quelques maisons, à un quart de lieue O. de la petite ville de Verteuil, ancienne sépulture des ducs de la Rochefoucauld ; celui de Mansle est dans une belle ferme dépendante du bourg de ce nom, situé à un demi-quart de lieue plus loin. Il est peuplé de 1000 à 1200 habitans. En y entrant, on passe la Charente sur un très-haut pont de pierre, d'où on la voit, à droite et à gauche, serpenter à travers de belles prairies. Le trajet du bourg est peu commode, surtout quand on y passe un jour de marché. Il y a une bonne auberge. La ferme où est la poste appartient à M. Trion de Montalembert, dont le château est aux environs. — *Parcouru depuis Paris*. . . . . 112 lieues.

§ 41. *De Mansle à Churet*. 4
§ 42. *De Churet à Angoulême*. 3

Contrée toujours également calcaire, mais plus variée de surface, ainsi que de culture, beaucoup de bois et de vignes : vers le quart de la distance, on laisse à gauche la route de la Rochefoucauld ; vers le milieu on traverse la forêt de Bouex, dépendante du château de la Rochefoucauld, et vers les deux tiers le village de Touriers. La forêt de Bouex, coupée et convertie en taillis, a fourni beaucoup de bois de construction. Churet est un hameau, après lequel le pays devient de plus en plus frais et varié. Il est surtout embelli par les vignobles. Un quart de lieue avant d'arriver à Angoulême, on traverse sur un pont la rivière de la Touvre, dans le village de Pontoux, lieu charmant et très-pittoresque. La rivière y forme une superbe nappe d'eau :

elle sort d'un gouffre à quelques lieues sur la gauche, près de la route d'Angoulême à Limoges. (*V. cette route ci-après*, *art. Communications.*)

Angoulême. L'aspect de la ville d'Angoulême, sur la croupe d'une colline qui domine au loin toute la contrée, produit un très-bel effet de perspective. La route que nous suivons n'y passe pas : elle traverse le faubourg de l'Homeau qui est au pied, et qui renferme à peu près un quart de la population totale, estimée de 13 à 14,000 habitans. C'est dans ce faubourg, et dans les environs, que sont les fameuses papeteries d'Angoulême. C'est-là aussi que se fait le principal commerce de cette ville, qui consiste, après les papiers, en eaux-de-vie et en fer. Ce qui accroît l'importance de ce faubourg est son port sur la Charente, port qui forme un quai et une promenade agréable.

La route ne passant pas dans la ville, les voyageurs ne peuvent s'y faire conduire en poste, sans payer une lieue en sus du prix de leur course ; mais il leur est facile de s'y transporter à pied, lorsqu'ils s'arrêtent dans les auberges du faubourg. Presque tous éprouvent l'envie de jouir des beaux points de vue que semble leur promettre cette position. L'attente des curieux n'est point trompée : une rue, en terrasse, pratiquée autour de la ville, sur l'ancien rempart, leur offre une succession d'aspects, tous plus agréables les uns que les autres. En la parcourant, ils rencontrent diverses promenades; la principale, et la plus agréable en même temps, est celle de Beaulieu. Elle communique, par un bel escalier, avec la grande route qui passe dessous. Si l'on pénètre dans l'intérieur de la ville, on y trouve peu d'objets dignes d'arrêter les regards.

La cathédrale n'a rien de remarquable, selon M. Millin; cependant un portail mêlé d'antique et de gothique, des arcades à plein cintre, des colonnes à longs fuseaux, surmontées de chapiteaux presque corinthiens, sembleraient mériter l'attention d'un antiquaire. Le frontispice de la salle de spectacle, qui fait face à la promenade du cours, fixe agréablement la vue. La ville est en général assez mal bâtie, et tout aussi mal percée, à l'exception d'un quartier reconstruit à neuf, qui forme à peu près un cinquième de l'étendue totale. Continuée sur ce plan, elle deviendra aussi agréable par elle-même qu'elle l'est par son heureuse position, qui lui procure, avec un horizon des plus étendus, un air des plus purs;

Ire. ROUTE DE PARIS A BORDEAUX.

aussi le sang est-il très-beau dans cette ville.

La colline, dont elle couvre toute la sommité, est de nature calcaire, comme la contrée. Sa hauteur verticale, depuis le niveau des eaux de la Charente, jusqu'à la place dite *des Carmélites*, est de 72 mètres (37 toises). Détachée de la plaine calcaire qui s'étend à l'E., elle s'avance en forme de cap, vers le confluent de la Charente et de la petite rivière de l'Anguienne, dont les deux bassins, l'un au N., l'autre au S., se réunissent à l'O. Ils forment, par la fraîcheur de leurs eaux, de leurs prairies et de leurs ombrages, la plus belle partie du tableau de perspective qui se développe successivement aux regards de l'observateur, à mesure qu'il parcourt, sur les remparts, l'enceinte de la ville. Ce site riant et aéré m'a rappelé celui de la ville de Laon, sauf la différence des climats, qui est toute entière à l'avantage d'Angoulême.

Cette dernière ville, siége de la préfecture de la Charente, d'un tribunal civil et d'un tribunal de commerce, possède une bibliothèque publique de 10 à 12,000 volumes, provenant de l'ancien directeur général de la librairie, M. le Camus de Neville, et un grand nombre de maisons d'éducation renommées, surtout pour les demoiselles. Il y en vient de Bordeaux et de Limoges. Elles y perdent totalement l'accent du midi, dont nous n'apercevons aucune nuance à Angoulême. On y parle même très-purement le français, et c'est une chose remarquable que, placée entre Paris, dont elle est à 120 lieues, et Bordeaux, dont elle n'est qu'à 30, elle n'éprouve aucune influence de ce voisinage, et qu'on n'ait pas plus d'accent à Angoulême qu'à Paris. Le ton m'y a paru tout aussi bon que dans cette Capitale, surtout parmi les femmes; elles se distinguent par leur tournure, et on en rencontre un très-grand nombre de vraiment belles.

Les voyageurs trouvent à Angoulême des bains publics, de bonnes auberges, et deux sociétés littéraires, où ils sont bien accueillis, pour peu qu'ils en connaissent quelque membre: il y a aussi une société d'agriculture. Outre les deux lignes de poste qui se croisent dans le faubourg, une grande route, susceptible de relais, conduit de cette ville à celle de Périgueux. Les campagnes environnantes sont aussi fertiles que belles. Dans le bassin de la Charente, elles rendent de 7 à 8 pour un. Les coteaux sont couverts de vignobles. Il se tient une foire à Angoulême tous les 24 de chaque mois, dont

Ire. ROUTE DE PARIS A BORDEAUX.

trois durent huit jours; savoir : celles de janvier, de mai, et d'août.

Le nom d'Angoulême s'est formé à la longue, selon quelques auteurs, de celui d'*Icurisna*, sous lequel elle est mentionnée par Ausone, dans son épître XV et non XVIII, comme le dit Piganiol. On pourrait fort bien appliquer à cette étymologie, l'épigramme suivante du chevalier de Cailly contre les étymologistes :

> « *Alfana* vient d'*Equus*, sans doute,
> Mais il faut avouer aussi
> Qu'en venant de là jusqu'ici
> Il a bien changé sur la route. »

Cette ville, ruinée par les Normands au 9e. siècle, et rebâtie dans le 10e., s'est distinguée sous le règne de Charles V, en chassant la garnison anglaise; ce qui lui fit accorder, par ce prince, divers priviléges confirmés par ses successeurs. Les calvinistes s'en sont deux fois rendus maîtres : l'amiral Coligny l'ayant prise par composition en 1568, ses troupes y y commirent des cruautés et des profanations inouïes.

C'est la patrie des deux célèbres Montalembert; l'un, mort sur la brèche de Thérouanne, en 1553, à l'âge de 70 ans, l'autre, mort en 1671, doyen des généraux, ainsi que des académiciens, et auteur de la *Fortification perpendiculaire*; de Balzac, l'un des premiers membres de l'Académie française, fondée par Richelieu, et l'un des premiers restaurateurs de la langue; enfin, de Vivier de Châteaubrun, auteur tragique. C'est aussi le berceau de l'assassin d'Henri IV, Ravaillac, et de l'assassin de Guise, Poltrot. — *Parcouru depuis Paris*... lieues. 119

§ 43. *D'Angoulême au Roulet.* 4
§ 44. *Du Roulet à Pétignac.* 2
§ 45. *De Pétignac à Barbezieux.* 4

Contrée toujours calcaire, assez fertile, et assez variée de surface, comme de culture. Au tiers de la 1re. distance, on laisse, à une portée de fusil sur la droite, le château de l'Oisclerie qui se présente d'une manière gracieuse, et vers le milieu, à pareille proximité sur la gauche, de beaux restes de l'église et du couvent de la Couronne, qui font cependant plus d'effet de loin que de près. Le bourg dont dépendait ce couvent est peuplé d'environ 2000 habitans. Il est au centre d'une grande quantité de papeteries, d'où la ville d'Angoulême tire la plus grande partie des papiers qu'elle expédie : la route que nous suivons, passe entre deux de ces établissemens. Roulet est un village d'environ 300 habitans.

La 2ᵉ. distance n'offre rien de remarquable que quelques montées et descentes, avec quelques points de vue agréables. Pétignac est un hameau de 4 ou 5 maisons, dont une ressemble à un château : c'est celle de la poste.

La 3ᵉ. distance commence par une montée et un tournant difficiles, qui ont failli priver le théâtre français d'un de ses plus beaux ornemens : mademoiselle Georges venait de Bordeaux avec le général G.... Le postillon croyait servir à leur gré ces illustres voyageurs, en descendant la côte au grand trot : le tournant le trahit, et la voiture fut précipitée. Ils devaient tous périr, ils en furent quittes pour des blessures et des contusions : l'heureux général et la belle tragédienne nous furent conservés. Cela n'a pas guéri les postillons de la manie de trotter à la descente de Pétignac, et j'ai craint moi-même un accident semblable. J'ai défendu qu'on y trottât à l'avenir ; mais serais-je obéi ? Du haut de la montée on découvre un très-bel horizon, à l'extrémité duquel on distingue, en reportant les yeux en arrière, la ville d'Angoulême.

A mi-chemin de Pétignac à Barbezieux, on

trouve Pont-à-Brac, hameau de quelques maisons, comme celui où nous venons de relayer.

Barbezieux est une petite ville assez bien bâtie, assez agréablement située, et peuplée d'environ 2500 habitans. La route en parcourt la promenade, qui est un espèce de boulevart. C'est le siége d'une sous-préfecture et d'un tribunal civil. On trouve la truffe dans quelques parties arides de son territoire, généralement fertile en blé, qui rend 6 pour 1. Il nourrit des chapons, ainsi que des moutons renommés, et renferme une fontaine minérale, prônée par des auteurs qui ne la connaissent pas, mais dédaignée des habitans qui la connaissent.

Cette petite ville, ancienne seigneurie appartenant à la maison de la Rochefoucault, avait un château et des remparts qui furent détruits par les Anglais pendant les guerres de la Guienne.

Elle a donné naissance au savant Elie Vinet, mort en 1587; ses ouvrages sur les antiquités de Bordeaux, Bourg, Saintes et Barbezieux sont estimés.

Parcouru depuis Paris. . . . . 129 lieues.

Iʳᵉ. ROUTE DE PARIS A BORDEAUX.

		lieues.
§ 46.	De Barbezieux à Reignac........	3
§ 47.	De Reignac à la Grolle.........	3
§ 48.	De la Grolle à Montlieu........	4
§ 49.	De Montlieu à Chiersac........	2
§ 50.	De Chiersac à Cavignac.......	4
§ 51.	De Cavignac à Cubsac.........	5
§ 52.	De Cubsac au Carbon-Blanc.....	2
§ 53.	Du Carbon-Blanc à Bordeaux....	4

La nature du pays est à peu près la même jusqu'à Reignac, maison isolée et inutile relais, qui partage deux distances extrêmement courtes, destinées à n'en former qu'une seule un jour. C'est près de là qu'est la fontaine minérale placée par les géographes près de Barbezieux ; elle est froide, et a si peu de vertu, que les habitans s'étonnent de la mention dont l'honorent ces messieurs.

Entre Reignac et la Grolle, le pays change de nature : de tristes landes, des bois non moins tristes, s'étendent à droite et à gauche de la route ; leur surface inégale a quelque chose de ruineux, qui ajoute au ton sauvage de l'horizon inculte et inhabité qu'on domine. Il me paraît propre à donner une idée des contrées australes découvertes par nos voyageurs dans la Nouvelle-Hollande ; c'est ainsi que je me les figure d'après les descriptions qu'ils en font.

Le pays change encore de face après le petit village de la Grolle, qui a un bureau de poste. Chevanceau, autre village encore plus petit, mais plus joli, qu'on trouve à moitié chemin, avait jadis un relais; il domine une campagne aussi riche qu'agréable. Nous sommes entrés peu auparavant dans le département de la Charente-Inférieure, dont nous allons, pour notre malheur, traverser une des extrémités, où se trouvent enclavés les deux relais de Montlieu et de Chiersac; je dis *pour notre malheur*, parce que l'éloignement du chef-lieu de ce département, qui n'a aucun intérêt à l'entretien d'une route dont il ne profite point, est la véritable cause de son éternelle dégradation, qui fait éprouver aux voyageurs le danger ou de verser ou de rester embourbés. On l'a vue bonne durant quelques années, parce que des arrangemens convenus, de préfet à préfet, en ont fait attribuer l'entretien à celui de la Charente. Le ministre d'alors ne voulut point ratifier ces arrangemens, quoique conformes à tous les intérêts, parce qu'ils ne l'étaient pas aux principes administratifs. Ainsi les principes veulent que cette partie de route soit toujours dans le même état, comme elle l'a toujours été et le sera toujours tant que son entretien dépendra d'un préfet ou d'un ingénieur résidant, soit à Saintes, soit à la Rochelle, où ils ont tellement à faire pour les nombreuses et fangeuses routes de cette partie occidentale du département de la Charente-Inférieure, qu'il ne leur reste plus de fonds pour les routes éloignées.

Montlieu est un village d'environ 120 feux. La route le traverse par une rue qui est suffisamment large pour deux voitures, mais qui décrit une légère courbe; et afin de rectifier cette fausse direction, on a ouvert à côté du village une ligne droite, qui n'abrège pas d'une portée de fusil. C'est faire un double emploi bien faiblement motivé, et désespérer, pour un bien mince avantage, les habitans d'un lieu qui tirait une de ses principales ressources du passage de la grande route. A gauche, et au-dessous de ce bourg, les regards du voyageur plongent sur une jolie plaine qui lui présente l'apparence de la plus grande fertilité, et cette apparence n'est point trompeuse. Le produit en grains s'y élève de 12 à 15 pour 1.

Un quart de lieue après le village de Montlieu, on trouve celui de Lagarde, où est en ce moment le relais. Le pays dégénère à mesure qu'on approche de Chiersac, mauvais village, situé dans un mauvais pays de landes et de bois. A quelques minutes au-delà, est la poste, dans dans une ferme isolée, et dans la plus mauvaise partie de la contrée. C'est un terroir sablonneux : il ne produit que du seigle, qui même, ne rend pas plus de 3 ou 4 pour 1. Un bon spéculateur y convertirait tout en bois, les pâturages même n'y étant pas bons. Quant aux labours, il me paraît démontré que la récolte ne paie pas ce qu'elle coûte.

Entre Chiersac et Cavignac, on passe du département de la Charente-Inférieure dans celui de la Gironde, d'un triste pays de landes dans un riant pays de vignes, et d'un chemin affreux dans un beau chemin pavé. Cavignac est un village qui renferme cinquante à soixante maisons, dont plusieurs sont des auberges. Celle de la poste est aussi belle que bien tenue. Le pays, toujours varié, dégénère un peu après Cavignac : prés, champs, bois et landes.

On laisse à gauche le village de Saint-Antoine, vers le milieu de la distance, et à droite, vers les deux tiers, l'embranchement de Blaye, près de Saint-André de Cubsac, petite ville, qui ne consiste guère que dans la rue principale où passe la grande route, et ne contient que 1000 habitans. Il y a un bureau de poste. A un quart de lieue ouest, le joli château de Bouil, appartenant à M. de la Tour-du-Pin, mérite d'être visité par les curieux.

Une demi-lieue après Saint-André, on arrive à Cubsac, où est le relais. C'est un village de 40 à 50 maisons, dont une, la première à gauche, est un joli château, appartenant à M. de Montbadon, pair de France; une autre, la dernière à droite, est une grande maison de commission et de roulage, bâtie par M. Ribette, négociant-commissionnaire. Ce village est dominé par les ruines d'un château que la tradition attribue aux quatre fils Aimon.

Le rocher qui portait cette gothique demeure, renferme des habitations intérieures en forme de tanières ou de grottes, comme celles que nous avons remarquées près de Tours. Cubsac est un lieu intéressant par l'agrément et l'importance de sa position, sur la rive droite de la Dordogne qui, aussi large que la Garonne à Bordeaux, reçoit de même la marée et les bâtimens. Sans le voisinage de cette grande ville et de celle de Libourne, le village de Cubsac serait devenu lui-même une ville de commerce. Il se borne à l'entrepôt des vins et autres denrées méridionales expédiés à Paris, et autres villes septentrionales, par Bordeaux. Les bâtimens tournent la pointe du Bec-d'Ambès, et viennent débarquer à Cubsac. Le Bec-d'Ambès est, comme tout le monde le sait, l'extrémité de la langue de terre qui sépare les deux rivières près de leur confluent. Nous aurons bientôt occasion d'en reparler. Lors de mon avant-dernier passage sur cette route, le trajet de la Dordogne s'exécutait sur un large pont volant, qui mettait les voyageurs à l'abri de tous les dangers et de toutes les difficultés de cette navigation. Un particulier avait eu cette heureuse idée, dont j'ai vu le modèle ailleurs, notamment sur le Pô en Italie. Ce pont volant ne servait que par la marée descendante; il aurait fallu, pour passer de même à la marée montante, un appareil semblable à celui qui existait déjà. Les fonds manquèrent à l'entrepreneur. Il est douteux d'ailleurs que la recette eût couvert ses frais; mais ce doute ne devrait point être un obstacle pour le gouvernement : il fait de bien plus grands frais pour des ponts qui ne lui rapportent rien, tandis que ce pont volant s'affermerait, et même à un haut prix.

Les petites barques à voiles, dans lesquelles on passe les voitures de poste, à Cubsac comme à Bordeaux, m'ont toujours semblé très-mal conçues, du moins pour cette destination.

Quand j'en ai fait la remarque, on m'a répondu qu'elles n'étaient destinées que pour les chevaux, en m'en montrant de plus grandes pour les voitures, qu'on ne passe ainsi, dit-on, que parce que c'est plus tôt fait. Ces passages si expéditifs durent un quart d'heure ou une demi-heure, selon le vent, et ne sont pas sans danger, quand il est trop violent; les accidens sont pourtant fort rares. Passé la Dordogne, on se trouve dans le hameau ou village de Saint-Vincent.

On traverse par une superbe route l'*entre-deux mers* : c'est ainsi qu'on a baptisé l'espace compris entre les deux rivières, pays riant, assez cultivé et assez varié. On y voit beaucoup de vignes, plus renommées à Bordeaux par la quantité que par la qualité de leurs vins; beaucoup de maisons de campagne et quelques châteaux.

Vers le milieu de cette distance, on traverse le joli village de la Grave-d'Ambarès, et vers les trois quarts, on laisse d'abord à gauche, la fourche de la route de Libourne; ensuite à droite, un très-gros orme que quatre personnes ne peuvent embrasser; il est connu sous le nom de l'*arbre de Terrasson*. Carbon-Blanc est encore un beau village, où tout respire l'aisance et la propreté. Un quart de lieue après, on laisse à une portée de balle à gauche, sur une hauteur, deux châteaux remarquables, qui appartiennent, le premier à M. Framin, négociant de Bordeaux, le second à M. de Montbadon. La plaine du Carbon-Blanc est terminée sur la route par une espèce de ravin agréable et boisé, où la route s'enfonce, après avoir laissé à gauche, sur le sommet, celle de Bordeaux à Bergerac, par Branne, bourg du département où nous sommes.

Cette descente, qui va nous conduire dans le joli bassin de la Garonne, doit son nom de *Côte de Cipressac* à une ancienne plantation de cyprès qui n'existe plus. Le beau château qu'on voit du bas de la descente sur le haut du coteau, à quelques portées de fusil, à gauche de la route, est celui de la Molaire, appartenant, jadis à un seigneur de ce nom, dont le fils est aujourd'hui mon collègue; et lors de mon dernier passage, à un particulier de Bordeaux. On parcourt encore un quart de lieue de plaine, depuis le pied de la côte jusqu'au bord de la Garonne. Cette plaine est un marais cultivé, et ce marais un paysage délicieux. Ce sont des jardins, des bosquets, des plantations de saules et autres arbres, des haies vives, et des vignes qui produisent un vin médiocre, mais bon pour l'expédition.

Le fer à cheval que décrit le port de Bordeaux se dessine en face du voyageur, pendant ce joli trajet, jusqu'à ce qu'il arrive à la Bastide, village de 100 feux, peuplé d'aubergistes et de marins, et plein d'activité. C'est là qu'on s'embarque pour la traversée de la Garonne, en attendant la terminaison du pont entrepris sous les dernières années du règne de Buonaparte.

Parcouru depuis Paris jusqu'à Bordeaux, par la première route. . . . . lieues, 156

FIN DE LA PREMIÈRE ROUTE DE PARIS A BORDEAUX.

DEUXIÈME ROUTE
DE PARIS A BORDEAUX,

Par Orléans, Châteauroux et Limoges.

153 lieues et demie.

Depuis Paris jusqu'à Limoges. (*v.* 1ʳᵉ. *rᵗᵉ. par Toulouse.*)

	lieues.
29 *Paragraphes*.	97 ½
§ 30. *De Limoges à Aixé*.	3

Pays montagneux, moins par ses aspérités, que par la nature de son sol et de sa culture; il est d'ailleurs aussi frais que varié. Aixé est une petite ville de 1500 habitans, située sur la rive gauche de la Vienne, qui la sépare de son faubourg. Elle consiste en une seule rue escarpée, que parcourait péniblement l'ancienne route; mais la nouvelle laisse la ville sur la gauche, pour en longer les jardins. Le site de cette petite ville est fort pittoresque. On y voit les ruines d'un ancien château. La côte à laquelle elle est adossée est garnie de vignes, et la plaine très-fertile en froment, deux genres de culture aussi extraordinaires l'un que l'autre, au milieu des froides terres à seigle du Limousin.

Il y a beaucoup de boulangers à Aixé: c'est l'industrie et le commerce du pays. — *Parcouru depuis Paris*. . . . . 100 ½ lieues.

---

§ 31. *D'Aixé à Gatinaud*. 3
§ 32. *De Gatinaud à Chalus*. . . . . 2 ½

Même nature de route et de contrée. Au milieu de la première distance, on trouve le village de Séreillac, peuplé de 200 habitans, et renommé dans le pays par les foires qui s'y tiennent le 14 de chaque mois. Gatinaud est un hameau et Chalus une petite ville de 1000 à 1200 habitans, située sur la Tardoise, tout près de sa source ; elle n'est point vue de la route qui n'y passe pas. La poste est hors de la ville et la route entre deux.

Chalus a plusieurs foires, dont une, celle du 30 septembre, est fameuse pour les chevaux. Le sol ne produit que du seigle, et beaucoup de châtaignes. On remarque au-dessus de la ville, dans un site romanesque, les restes du château Chabrol, et la vieille tour au pied de laquelle fut tué Richard-Cœur-de-Lion. Une autre tour qui paraît avoir appartenu au même château, s'élève à une portée de fusil de distance, comme pour compléter le tableau de perspective (*). — *Parcouru depuis Paris*.. . lieues. 106

§ 33. *De Chalus à la Coquille.* 3
§ 34. *De la Coquille à Thiviers.* 4

Même nature de route toujours en bon état, et de contrée toujours de plus en plus fraîche et boisée : c'est à peu de chose près l'aspect de la Bretagne. Les nombreux châtaigniers qui

---

(*) Ce *château Chabrol* passe pour les restes de celui qu'une opinion, accréditée par le témoignage des chroniques, attribue à un proconsul *Lucius Capriolus*. Il doit à cette tradition, je pense, le nom de Chabrol, qui dérive, par corruption, de *Capréolus*; mais ce qui en reste n'a rien de la construction romaine.

Quoiqu'il en soit, les mêmes chroniques assuraient que le proconsul avait enfoui un trésor dans le château, et qu'on découvrit, en 1199, plusieurs figures d'or assises autour d'une table. Ces figures représentaient un homme, une femme et plusieurs enfans, tous vêtus à la romaine. Richard-Cœur-de-Lion, roi d'Angleterre et comte de Poitou, se trouvait alors dans les environs. Pour avoir ces richesses, il fit assiéger le château où elles étaient renfermées. Trente-huit hommes seulement en formaient la garnison; elle offrit à Richard la moitié du trésor qui était l'objet de sa cupidité. Au lieu de la recevoir à composi-

ombragent tout le pays complètent la ressemblance, sinon avec la généralité, du moins avec certaines parties de cette province. A une lieue, le pont de Firbeix, jeté sur un simple ruisseau, forme l'ancienne limite du Limousin et du Périgord, et la limite actuelle des départemens de la Haute-Vienne et de la Dordogne. Le hameau de Firbeix est composé de maisons assez propres, et nouvellement reblanchies, lors de mon passage. Sous ce dernier rapport, le

---

tion, il répondit qu'il la ferait toute pendre. Cette menace réduisit les assiégés au désespoir.

Richard s'étant approché de la place pour observer les endroits faibles, fut atteint au bras d'une flèche que lui décocha un nommé *Bertrand de Gordon*; furieux de sa blessure, il demanda qu'on pressât les assauts. Au bout de quelques jours la place fut prise, et tous les soldats de la garnison furent massacrés, à l'exception de Gordon, qu'on conduisit devant Richard. « Que t'avais-je fait, malheureux, pour m'arracher la » vie, lui dit ce roi », « Ce que tu m'as fait? répondit » Gordon, tu as tué de ta propre main mon père et mes » frères ; je suis content, je les ai vengés. Tyran, fais- » moi mourir, je brave ta colère. » Richard ne put s'empêcher de rendre la liberté à ce guerrier intrépide; mais à peine fut-il expiré, que le malheureux Gordon, quoiqu'absous par le roi défunt, fut arrêté par les ordres du duc de Brabant, qui le fit écorcher tout vif.

IIe. ROUTE DE PARIS A BORDEAUX.

pays ne ressemble pas à la Bretagne. Les châtaigneraies s'étendent dans le Périgord, qui offre néanmoins un aspect tout différent du Limousin.

La Coquille est un hameau après lequel l'horizon change totalement, et n'offre plus que la monotonie d'une vaste plaine et d'une lande. Deux petites montées peu rapides sont les deux seules variétés de la route. Une montée plus difficile, est celle de la rue qui forme toute la ville de Thiviers, rue aussi escarpée que tortueuse, et aussi mal pavée que sont mal bâties les maisons qui la bordent.

Autant cette petite ville est hideuse par elle-même, autant elle est agréable par son site, sur une colline qui domine à gauche un riche et joli paysage, où nous voyons reparaître la vigne, pour la première fois depuis que nous l'avons entrevue un instant à Aixé. Thiviers renferme 1500 habitans, et possède un bureau de poste. Ce lieu est renommé pour les bons moutons que nourrit son territoire. — *Parcouru depuis Paris* . . . . lieues. 113

		lieues.
§ 35. *De Thiviers aux Palissons*.		3
§ 36. *Des Palissons aux Tavernes*.		3
§ 37. *Des Tavernes à Périgueux*.		$2\frac{1}{2}$

Peu après Thiviers, on entre dans les terres calcaires du Périgord, qui finissent par devenir excessivement arides, telles qu'il les faut à la végétation de la truffe, fameux et presque unique produit du sol de cette ancienne province, qui lui doit une sorte de célébrité. Ce sol est un sable ou détritus calcaire, qui, malgré sa maigreur, ne se refuse cependant pas à la culture de toute sorte de grains. On y voit même, en quelques parties, de bonnes récoltes de blé.

Palissons est une maison isolée (*), près de laquelle on voit les pittoresques ruines d'un château de Chabanes ; et *les Tavernes*, un hameau après lequel le pays devient montueux. On s'élève sur un *dos d'âne* qu'on suit sans discontinuer, en jouissant d'un double point de vue à droite et à gauche, jusqu'à la côte qui descend à Périgueux.

Périgueux. On arrive à cette ville par une belle allée qui

(*) Le relais vient d'être supprimé ; mais il pourra fort bien être rétabli un jour, vu la longue distance qui résulte de cette suppression.

la longe, en la laissant sur la gauche, et forme également avenue du côté opposé, comme elle longe aussi les promenades, dont une nommée *les allées de Tourny*, est magnifique. Le voyageur qui ne fait que passer doit regarder Périgueux comme une fort belle ville ; mais il ne l'a vue qu'extérieurement, et par le joli côté : l'intérieur n'offre que rues noires, étroites et tortueuses. Cependant elle n'est pas mal bâtie, les maisons étant la plupart en pierres de taille. L'église de St-Fron se fait remarquer par sa structure gothique, et par sa tour de 60 mètres (30 toises) de hauteur; on admire dans une chapelle de cette église, un relief en bois, représentant l'Annonciation de la Vierge, d'un travail immense et d'un fini précieux. C'est l'ouvrage d'un moine, qui a passé, dit-on, cinquante ans à le finir. J'en ai vu un pareil dans une église de Plaisance, en Italie, qu'on attribuait de même à la patience d'un religieux. L'hôtel de la préfecture est la plus belle maison de la ville, qui l'a fait bâtir pour cet usage, ne trouvant pas où loger son préfet. La maison commune est établie dans l'ancien palais épiscopal, devenu vacant par la suppression de l'évêché.

Cette ancienne capitale du Périgord, aujourd'hui chef-lieu du département de la

Dordogne qui a pris la place de cette province, réunit au siége de la préfecture, celui des tribunaux de première instance et de commerce. Peuplée de 5 à 6000 habitans, elle possède un jardin de botanique établi à l'école secondaire, et une petite bibliothèque à la maison commune. Elle offre aux voyageurs quelques bonnes auberges et des bains publics. Renommée dans l'almanach des gourmands par l'excellence de ses pâtés aux truffes, elle en fait des expéditions tous les hivers, surtout à Paris. Elle expédie aussi dans la même saison, beaucoup de truffes, réputées les meilleures de France, beaucoup de dindes truffées, et beaucoup de gibier, surtout des perdrix. On voit que si Périgueux n'est pas la ville des voyageurs de commerce, elle est au moins celle des amateurs de bonne chère. Cependant la vie animale y est très-coûteuse, un pays qui produit autant de truffes ne pouvant être, par cette raison, un bon pays. L'aridité règne dans tous les environs, excepté dans la vallée de l'Ile, qui baigne les murs de la ville, située sur la rive droite.

Telle est l'aridité générale, qu'un petit vallon arrosé par la Vézère, l'une des rivières qui viennent grossir à Périgueux celle de l'Ile, n'a pu offrir à mon gosier altéré, dans un des voyages qui m'ont fait connaître les environs de cette ville, la ressource d'une seule goutte ni de vin ni de lait. Pas une vache, pas une brebis, quoiqu'il y eût des fermes et des villages. Enfin, j'ai trouvé une bonne femme qui avait une chèvre, et qui a eu bien de la peine à extraire de ses arides mamelles une demi-jatte d'un lait sans consistance. Par le sort de ce vallon, on peut juger de celui des plaines desséchées qui le bordent. Y demander du lait ou du beurre, est faire une mauvaise plaisanterie aux habitans. L'eau même ne s'y trouve point partout.

La tour de Vésune, les restes d'un amphithéâtre, et quelques morceaux d'anciens murs, attestent l'antiquité de Périgueux. La tour a conservé le nom de l'ancienne ville : *Vesuna*. Le fauhourg où elle est, avec diverses autres constructions antiques, se nomme encore *Cité*. Cette tour, de forme ronde, a 100 pieds de haut, d'après Piganiol, et son mur 6 pieds d'épaisseur. Elle est enduite en dedans d'un ciment de chaux et de briques, et n'a ni portes ni fenêtres. Je ne doute point que ce ne soit un tombeau ; j'en ai vu plusieurs semblables en Italie, notamment celui de *Cœcilia Metella*, près de Rome, sur le bord de la voie Appienne.

Je ne sais pourquoi on a cru que c'était un temple de Vénus; rien n'annonce dans ce lourd édifice, dépourvu de tout ornement d'architecture, une pareille destination. Il ne reste de l'amphithéâtre que quelques décombres, où l'on reconnaît encore des restes de vomitoires. On en reconnaît aussi l'enceinte, dont le grand diamètre est évalué à 274 pieds.

La porte romaine est mieux conservée. Quant aux vieux murs de ville, qui ne servent de clôture aujourd'hui, qu'à des jardins et à des vignes, ils paraissent avoir été reconstruits en toute hâte, à la suite de quelque grand désastre qui aura ruiné la ville primitive, puisqu'on reconnaît dans les paremens irréguliers et grossièrement refaits en pierres de taille, toute sorte de débris d'édifices antiques, tels que tronçons de colonnes et de pilastres, chapiteaux, frises, soubassemens, etc. Ces ruines démontrent la préexistence d'une ville plus ancienne, et surtout plus florissante, qui doit être la véritable *Vesuna*. Ce fut sans doute la ville nouvelle qui prit, sous le Bas-Empire, le nom de *Pétrocorii*, nom des habitans du pays, qui peut-être la rebâtirent. Ainsi l'observateur peut contempler en quelque sorte à Périgueux trois villes successives: *Vesuna*, *Petrocorii* et Périgueux. Mais quelle fut cette terrible catastrophe, qui transforma la première en un monceau de ruines ? Ce fut à coup sûr l'ouvrage d'une horde de barbares, dont l'irruption aura devancé celle des Francs. Ces barbares sont peut-être les Goths ou les Visigoths, et peut-être les Francs eux-mêmes, qui auront envahi et ravagé plusieurs fois avant de conquérir.

Cette ville, sous nos rois, a été franche d'impôts; sans doute, dit un auteur, à cause de l'extrême pauvreté de ses habitans, qui font peu de commerce. Effectivement, ils ne font guère que celui de leurs fameux pâtés et de leurs truffes, ainsi que de leur anisette, qu'il n'est point permis de passer sous silence, non plus que les autres liqueurs de toute espèce qu'on fabrique à Périgueux.

La pauvreté du territoire de Vesuna et de ses environs, n'a pas désarmé l'ambition des conquérans ; nous en avons déjà la preuve dans les ravages dont les vieilles murailles de *Pétrocorii* nous ont offert des témoins irrécusables. Les Romains la conquirent sur les Gaulois, les Goths sur les Romains, les Francs sur les Goths. Les Français et les Anglais se la sont disputée long-temps. Elle resta enfin à ces derniers sous le règne de Charles VI, qui confisqua ce pays sur les comtes d'Archambaud, de la maison de Taleyrand. Ce roi en fit don à Louis, duc d'Orléans, son second fils. De ce duc, elle passa aux comtes de Penthièvre; puis à la maison d'Albret; enfin, à Henri IV, qui la réunit à la couronne.

C'est la patrie d'Aimar de Ranconnet, littérateur, jurisconsulte, mathématicien, et antiquaire également célèbre. Il encourut la disgrâce du cardinal de Lorraine, qui le fit mettre à la Bastille, où il mourut de douleur, après avoir vu supplicier son fils, foudroyer sa femme, et expirer sa fille sur un fumier. Le château d'Antoniac, près de Périgueux, a vu naître en 1676, *la Grange Chancel*, moins connu par ses nombreuses pièces de théâtre, que par son libelle intitulé *Philippiques*, contre le régent Philippe d'Orléans; libelle qui le fit enfermer aux îles Sainte-Marguerite.

« Tout près de Périgueux, en face de la cité (dit un géographe qui paraît instruit), se trouvent les vestiges d'un camp formé par un lieutenant de César. Une colonne milliaire trouvée aux environs de cette ville, offre l'unique inscription qu'on connaisse de l'empereur Florien, dont le règne ne dura qu'environ 2 mois et demi. » (*Géographie de la France*, t. II, p. 122.)

Mes informations ne m'ont point fait connaître

ces deux derniers faits, que je ne puis pas plus, par cette raison, nier qu'affirmer. — *Parcouru depuis Paris jusqu'à Périgueux.* . . . . 121½ lieues.

§ 38. *De Périgueux à la Massoulie.* 4½

On longe, sans discontinuer, pendant cette distance et les suivantes, la rive gauche de l'Ile, qui arrose une vallée aussi belle que riche. Au bout d'un quart de lieue, on traverse cette rivière sur un pont, en face de *Castel Fadaise*, château remarquable seulement par son joli site. Au bout d'une lieue on longe, à droite, la fameuse fontaine de Marsac, connue par son intermittence, ou son flux et reflux, qui a lieu deux fois par jour, à 6 heures du matin et du soir, phénomène aussi rare qu'inexplicable, dont je n'ai retrouvé le parfait analogue que sur le bord du lac de Côme, en Italie, dans la fontaine mentionnée par Pline le naturaliste.

Vers les 3 quarts de la distance, la route passe sous les terrasses du château de Montancey, petit donjon très-pittoresque, et traverse le village du même nom. La Massoulie est un hameau de 5 ou 6 maisons où l'on trouve une belle et bonne auberge. Le coteau, au pied duquel il est situé, et qu'on longe à gauche, est d'un calcaire qui paraît marneux. — *Parcouru depuis Paris.* 126

§ 39. *De la Massoulie à Mussidan.* . . . . . lieues. 4

Pays charmant, cultivé en prairies. Au quart de la distance, on laisse à droite, à 3 ou 400 pas de la route, et sur le bord de l'Ile, le bourg de Neuvie, qui possède un bureau de poste et un château. Aux deux tiers on trouve le village de But. La route s'éloigne des bords de l'Ile, pour gagner les belles et riches plaines de Mussidan, petite ville de 1200 habitans, aussi agréable par sa position que par elle-même. Toutes les habitations ont un air d'élégance et de propreté. On sent déjà les rians approches de Bordeaux. Il y a des mines de fer et des forges aux environs de cette ville. — *Parcouru depuis Paris.* 130

§ 40. *De Mussidan à Monpont.* 4

La plaine est cultivée en grains et en vignes. Elle rend, en froment, le terme moyen de 6 à 7 pour 1. Le joli hameau, composé de maisons à un étage, toutes blanches et propres, qu'on trouve aux deux tiers de la distance, se nomme *Bennevent.*

Montpont est une fort petite ville. On s'étonne également de ne pas la trouver mentionnée dans

IIe. ROUTE DE PARIS A BORDEAUX. 221

l'immense *Dictionnnaire de la France*, par Expilly, et de la trouver indiquée comme bourg de 5000 habitans, dans le très-abrégé *Dictionnaire de Boiste*. C'est une ville d'environ 60 à 80 maisons, dont la hauteur sent véritablement la ville et lui donne l'air de ce qu'elle est, puisqu'on veut bien la reconnaître pour telle, malgré sa petite population, qui est à peine celle d'un village. — *Parcouru depuis* lieues. *Paris*.................................. 134

---

§ 41. *De Montpont à Saint-Médard*..... 4

Même plaine, toujours belle et riche, toujours cultivée en blé et en vignes. Beaucoup de maïs, beaucoup de noyers, et quelques châtaigniers. Aux deux tiers de la distance, on franchit la limite des deux départemens de la Dordogne et de la Gironde : un peu plus loin, est le village de Cousseau, assez joli, et bâti en pierres de taille comme tous ceux de cette contrée. Saint-Médard est un bourg encore plus joli, d'environ 90 feux. Il s'y tient une foire fameuse tous les seconds jeudis de chaque mois. Grande culture dans le territoire, et grande exportation de grains.

En passant à ce relais, les admirateurs de

Montaigne sont exposés à une méprise dont je dois les garantir. Instruits que cet illustre Écrivain avait son château dans les environs de Libourne, et apprenant par leurs informations, qu'ils passent à une lieue et demie d'un village de Montagne, ils peuvent croire, comme je l'ai cru moi-même, que c'est celui qui les intéresse, d'autant qu'il y a aussi un château, et que, ni leur conducteur, ni les habitans, ne sont en état de les détromper; à moins qu'ils ne soient assez heureux pour s'adresser à une personne instruite : rencontre que je n'ai pas eu le bonheur de faire. Ce village se nomme Montagne - Saint - Georges ; celui qui est l'objet de leur curiosité se nomme Montagne-Saint-Michel. C'est de Libourne qu'il convient de faire cette excursion, plus philosophique qu'agréable. — *Parcouru depuis Paris*........ 138 lieues.

§ 42. *De Saint-Médard à Libourne*..... 5

Au bout d'une lieue, la route s'élève sur la montagne du Petro, du sommet de laquelle on découvre, à droite, une vue magnifique, sur des campagnes verdoyantes de tous les genres de culture et de végétation. C'est la vallée de l'Ile, aussi large qu'elle est belle et productive.

La ville qu'on y remarque à une lieue de distance, est celle de Coutras, peuplée de 2000 âmes environ, et célèbre par la victoire du Grand Henri. La bataille fut donnée dans l'intervalle de la route à cette ville.

Libourne est une des jolies villes de France: elle a des rues larges et droites, une belle place, une belle caserne, et de belles promenades. Elle possédait naguère une verrerie fameuse, dont les bâtimens sont occupés aujourd'hui par un établissement de roulage. Peuplée de 7000 âmes (compris les faubourgs), elle fait un grand commerce de sel, de vin et d'eaux-de-vie; commerce favorisé par sa situation sur le confluent de la Dordogne et de l'Ile. La marée s'y élève à 10 pieds, par les temps ordinaires, à 15 aux équinoxes. L'avantage de cette position procure à Libourne un port de mer, qui reçoit des bâtimens de 300 tonneaux. Il est sur la Dordogne; mais les bâtimens entrent et se stationnent également dans l'Ile.

Chef-lieu de sous-préfecture, cette ville possède un tribunal civil, un tribunal de commerce, et une école secondaire de navigation. Il s'y tient trois foires par an; le lundi des Rameaux, le 1er. juin, et le 11 novembre. C'est la patrie de M. le comte de Cases, ministre de la police.

Le fondateur de Libourne est Édouard Ier, roi d'Angleterre, qui la fit bâtir sur les ruines ou près des ruines du *Condates portus*, dont parle le poëte Ausone. Le territoire de cette ville est aussi riche que le pays est beau ; il produit de 10 à 12 pour 1.

Outre la route que nous suivons, elle en a une autre sur Bergerac, d'environ 10 lieues, qui est fort intéressante par sa continuelle direction dans la riche vallée de la Dordogne, dont la fertilité varie entre 6 et 10 pour 1, et la largeur entre une demi-lieue et deux lieues et demie : c'est pour la faire connaître à nos lecteurs, autant que pour la connaître nous-même, que nous en avons fait l'objet d'une excursion particulière, dont voici le rapide tableau.

Au bout d'une lieue et demie nous avons traversé les vignobles, et laissé à un quart de lieue, sur la colline que nous longions à gauche, le bourg de Saint-Émilion, dont l'église et le clocher se font remarquer de fort loin, et dont les vins jouissent d'une grande célébrité. On est encore dans les vignes à Castillon, petite ville de 2000 habitans, qu'on trouve vers le tiers de la route. Celle de Sainte-Foi, qu'on traverse vers les deux tiers, après avoir franchi la Dordogne dans un bac, est située au milieu des champs, et connue par les vins des coteaux qui font partie de son territoire. Elle a des rues droites, un bureau de poste, et environ 2500 habitans.

Bergerac est une ville un peu plus grande que Libourne, nous en parlons ailleurs (*Route de Paris à Bagnères*); mais nulle part nous ne pouvons parler plus à propos du château de Montagne-Saint-Michel, berceau du célèbre *Michel Montaigne*.

C'est de Castillon qu'on s'y rend ordinairement, et que nous nous y sommes rendus nous-mêmes. Il est à une lieue N.-E. de cette petite ville, et dans le département de la Dordogne, dont nous allons traverser la limite à mi-chemin.

Arrivés à Castillon en voiture, nous avons été obligés de parcourir à cheval la dernière partie du trajet. Après avoir un peu continué à suivre la grande route, on est obligé de se jeter à gauche dans de mauvais chemins communaux, conduisant au pied d'une colline, qu'il faut gravir par un chemin plus mauvais encore, et surtout très-escarpé. Parvenu, non sans peine, sur la plaine argilo-calcaire et monotone à laquelle aboutit cette côte, nous nous sommes égarés plusieurs fois, avant d'arriver au village de Montagne, au-delà duquel nous avons enfin découvert le vieux châtel, objet de nos recherches.

On y entre par un donjon sous lequel est pratiquée une double porte, et l'on se trouve dans une grande cour carrée, qu'on prendrait pour celle d'une grande ferme. Le château forme la principale des quatre façades qui entourent cette cour, et cette façade est flanquée de deux tours, inégales de construction comme d'emplacement. L'intérieur renferme une chambre où a logé Henri IV, et dont le propriétaire actuel a respecté la vétusté, en rajeunissant le reste des appartemens. Ce propriétaire est M. du Buc, ancien seigneur, étranger à cette contrée. Il a succédé, par acquisition, à M. de Ségur-Montaigne, descendant de Michel Montaigne, par les femmes.

La façade opposée à celle de la cour domine sur une fort belle terrasse, et cette terrasse sur une grande étendue de campagnes qui ne sont pas sans intérêt, quoique d'une médiocre beauté. Le souvenir de Montaigne les embellissait peut-être à mes yeux, mais il m'a semblé qu'elles m'offraient tout juste le degré d'étendue que l'œil peut embrasser aisément. Un horizon plus circonscrit eût trop borné ma vue, un horizon plus vaste ne lui eût offert qu'objets confus, où elle se serait égarée sans rien distinguer. Il m'a paru aussi que je les dominais tout juste au degré qui met un paysage dans son meilleur jour. C'est surtout de la chambre de Michel Montaigne, que cet horizon se découvre sous le point de vue le plus avantageux. Cette chambre, placée dans la tour et au-dessus de la porte d'entrée, est ronde comme cette tour : trois fenêtres y répandent un jour abondant, et y procurent trois différens tableaux de perspective. Les solives du plafond sont peintes, et portent des inscriptions, les unes grecques, les autres latines, parmi lesquelles j'ai copié la maxime suivante : *Homo sum: humani nihil a me alienum puto;* je suis homme, et je pense que rien d'humain ne m'est étranger. Un très-petit cabinet, muni d'une très-petite cheminée, et d'une fenêtre dont la vue m'a paru la plus agréable de toutes, est attenant à cette rotonde, et complète l'appartement du philosophe du 16e. siècle. C'est-là qu'il se retirait pour se livrer à ses méditations, et les confier au papier. C'est aussi là que nous terminerons notre excursion, et nous allons regagner Libourne, par un chemin direct, plus court d'une lieue que celui que nous avons suivi en allant; il compte pour 3 lieues dans le pays, et l'autre pour 4, en ne portant qu'à 3 la distance de Libourne à Castillon, que les géographes portent tous à 4, en quoi ils ne sont pas plus d'accord avec l'échelle des distances qu'avec les habitans du pays. — *Parcouru depuis Paris jusqu'à Libourne*. . . . . 143 lieues.

§ 43. *De Libourne à Saint-Pardon (compris le passage des deux rivières.)*. . . . . 2 ½

En attendant que le pont de bateaux projeté soit fait sur la Dordogne, on traverse la rivière d'Ile dans une gabarre, tout près de la ville, et une demi-lieue au-delà le village de Fronsac, où l'on arrive par une montée rapide. C'est ce village qui a donné son nom au duc de Fronsac, fils du célèbre maréchal de Richelieu, et père du ministre actuel des affaires étrangères. Le château a été détruit de fond en comble dans la révolution. Quoique privé de cet ornement, le coteau de Fronsac fait un effet admirable, surtout vu de Libourne; mais tout est également admirable, tout est riant et frais, tout est délicieux dans cette partie de route : tout y est ombrage, pampres, gazons et paysages. On est au milieu des vignobles du Bordelais ; s'ils ne produisent pas ici les meilleurs vins de cette province, ils présentent les plus jolis rideaux de verdure que j'y connaisse. Un village dans ce beau pays ne peut qu'être un lieu de plaisance; aussi celui de Canon qu'on rencontre après Fronsac, peu avant l'embranchement de la route de Cubsac, est-il rempli de maisons de campagne : il est en outre fameux par ses vins. La route est encore plus ombragée après l'embranchement, où l'on tourne à gauche, pour aller gagner la Dordogne, sur une chaussée d'un quart de lieue, entre deux jolies haies de saules.

Le passage de cette rivière s'exécute dans des gabarres, et en un quart d'heure ou une demi-heure, suivant le temps qu'il fait. On me fit attendre un peu de temps sur le bord avant de me passer ; je n'en voyais pas la raison et je la demandai ; le facétieux batelier me répondit que c'était pour laisser passer un monsieur qui a toujours le pas sur tous les bateliers. Et quel est ce monsieur ? Monsieur *Mascaret*, me répondit-il en riant. J'avais entendu parler de l'impétuosité de ce premier flot de la marée montante, mais je n'en avais pas encore vu l'effet. Il consiste dans une lame écumeuse qui s'avance en mugissant contre le courant de la rivière, ce qui établit une lutte violente dont il est dangereux de se mêler, en se plaçant entre les deux combattans. Il faut les laisser vider leur querelle, et c'est l'affaire de quelques minutes. Pour me distraire, en attendant le moment de la traversée, le patron me raconta qu'un gascon s'étant trouvé dans le même cas que moi, et entendant dire aux mariniers qu'ils ne passeraient pas avant que M. Mascaret n'eût passé, se fâcha de la préférence, et demanda si ce monsieur était plus gentilhomme que lui.

Saint-Pardon, joli village de 40 à 50 maisons rangées des deux côtés de la route, se présente sur l'autre rive de la Dordogne, en face et à peu de distance du port. Sur la même rive, un quart de lieue plus haut, on voit le bourg et le château de Vayres, bourg connu par ses vins, château remarquable et par ses beautés gothiques, et par les deux superbes cèdres du Liban qui en décorent le jardin, et plus encore par la chambre où a couché, dit-on, Henri IV, après la bataille de Coutras. Ce château a soutenu divers siéges, attestés encore par les empreintes de boulets qu'on y remarque. Il appartenait, lors de mon dernier passage, à M. le président de Gourgues, qui paraît l'abandonner à sa destruction.

On peut se rendre, comme j'ai eu la curiosité de le faire à mon dernier voyage, de Li-

IIᵉ. ROUTE DE PARIS A BORDEAUX.

bourne à Saint-Pardon, par eau. Une fois embarqué, je ne me suis pas arrêté là; le temps était beau, le fleuve calme, la navigation des plus heureuses; je l'ai poussée jusqu'à Bordeaux, en relâchant à Bourg pour attendre une seconde marée; car c'est tout ce qu'on peut faire que d'arriver de Libourne à Bourg dans le courant d'une seule marée.

Je ne puis comparer ce charmant voyage qu'à ceux que j'ai faits sur les plus beaux lacs de la Suisse et de l'Italie; comme ce n'est qu'à ces lacs que je puis comparer le large bassin de la Dordogne dans cette partie. Superbe nappe d'eau, rives verdoyantes et bocagères, vignobles et prairies, habitations propres et nombreuses, châteaux et maisons de plaisance, tel est le pompeux et double tableau qu'on a constamment sous les yeux.

Un calme parfait ralentissait mon voyage, qu'accéléraient de loin en loin quelques brises de vent; ce calme, désespérant pour les marins qui s'étaient chargés de ma conduite, était charmant pour moi, en ce qu'il prolongeait mes jouissances. C'est surtout les coteaux variés de la rive droite qui captivent la vue; elle est moins satisfaite des rives plates, uniformes et marécageuses, quoique également verdoyantes de la rive gauche. Les vignes règnent des deux côtés; celles de la plaine produisent les vins connus sous le nom de *Palud*.

La marée descendante, contrariée tantôt par les vents, tantot par le calme, nous abandonna avant d'être arrivés à Bourg, et nous fîmes, contre vent et marée, le reste du trajet à la rame. Cette très-petite ville, peuplée de 12 à 1500 habitans, n'a de remarquable que son très-petit port de mer, les bassins qui fournissent l'eau de ses fontaines, et le château bâti par M. de Savin, sur l'ancien emplacement de la citadelle. Il a été possédé par le maréchal de Broglie. Ce château, ou plutôt cette maison de plaisance, s'élève sur une terrasse, au bord de la rivière : immédiatement après règne en talus, sur la même rive, un tertre calcaire, d'où l'on extrait la chaux, et où l'on remarque des casemates à peu près semblables aux maisons creusées dans les rochers qui bordent la Loire, près de Tours.

La ville de Bourg fait le commerce des grains, et surtout des vins de son territoire, qui ont quelque réputation. Elle a un bureau de poste.

Une chose particulière est que le jardinage, surtout les choux et les salades, qui devraient arriver à Bordeaux de tous les côtés, sont transportés, au contraire, de Bordeaux à Bourg, par des revendeuses qui vont les y acheter, et rapportent en échange à Bordeaux quelques autres légumes et des fruits.

Pour se rendre de Bourg à Bordeaux, il faut saisir, à point nommé, une marée descendante, qui soit prête à finir tout juste au moment où l'on doit doubler le bec d'Ambès, et remonter la Garonne par la nouvelle marée. On jouit, en partant, de la vue assez curieuse des casemates dont nous venons de parler. On n'est pas plus tôt arrivé dans la Gironde, qu'on revire de bord pour entrer dans la Garonne; ce qui s'exécute avec plus ou moins de facilité, suivant le temps qu'il fait.

La pointe du bec d'Ambès paraît une position tellement heureuse, qu'on s'attendrait à y trouver un port de mer et un lieu considérable, un bourg au moins, sinon une ville : il n'y a pas même un village. Celui de Saint-Jacques-d'Ambès en est à une petite distance. Le bec, proprement dit, est abandonné à un marais couvert de joncs, d'osiers, de saules et autres arbres sur le rivage, de riches métairies, dans l'intérieur. Le produit du sol, en froment, s'y élève de 18 à 20 pour 1, sans engrais. Les vignobles de *Palud,* ou d'*Entre-deux-mers,* qui s'étendent sur les deux rivages de la Dordogne et de la Garonne, n'arrivent pas tout-à-fait jusqu'au bec d'Ambès.

En face, et à un quart de lieue de la pointe de ce bec, est l'île de Caseaux, propriété du président de ce nom. Elle a plus d'une lieue de tour; à la suite est celle de Nort, dont la circonférence est à peu près la même. La Gironde a près d'une lieue de large dans cette partie, et la Garonne près d'une demi-lieue. Cette dernière rivière n'offre pas ici, comme la Dordogne, l'heureuse opposition des collines d'un côté, et des plaines de l'autre. Les deux rives sont au même niveau; mais ce niveau est celui d'un double et vaste tapis de verdure. Ce n'est qu'en approchant de Bordeaux, que la rive de l'*Entre-deux-mers* s'élève insensiblement, et développe ce riant amphithéâtre qui fait face au Chartron, ainsi qu'au reste du port, jusqu'à l'autre extrémité de la ville.

C'est par une excursion presque maritime, que nous nous trouvons arrivés à Bordeaux ; il nous reste maintenant à y arriver par terre, en allant reprendre notre route à Saint-Pardon, où nous l'avons laissée. Nous avons suffisamment fait connaître ce village, avant notre excursion : hâtons-nous de regagner directement l'intéressante ville qui est le but de ce voyage.

lieues.
— *Parcouru depuis Paris.* . . . . 145 $\frac{1}{2}$

§ 44. *De Saint-Pardon au Carbon-Blanc.* . . . lieues. 4

§ 45. *Du Carbon-Blanc à Bordeaux (compris le trajet de la Garonne.)* 4

Plaine agréable et bien cultivée, particulièrement en vignes. Beaucoup de maisons de campagne et divers châteaux, embellissent cette distance, au quart de laquelle on trouve le village d'Izon. Vers le milieu on traverse le joli bourg de Saint-Loubes, peuplé de 1500 habitans, et remarquable par une jolie place carrée, que bordent des façades régulières, supportées par de belles arcades. Le milieu est occupé par une petite halle, qui n'est pas en proportion avec ces arcades. Il s'y tient un marché considérable tous les lundis, et 4 foires par an. On y voit deux jolies maisons de campagne; la première est précédée d'une vaste cour gazonnée et plantée, qui ressemble à une place publique, et la deuxième, d'une longue avenue.

Près de l'embranchement qui réunit les deux routes de Paris à Bordeaux, on voit, à quelques portées de fusil sur la gauche, le beau château de madame de Mongeon; un quart de lieue après cet embranchement, on remarque, au bord de la route, à droite, l'arbre de *Terrasson*, dont nous parlons dans la 1re. route, et bientôt après on arrive au Carbon - Blanc. (*V. cette* 1^(re). *route.*) — *Parcouru depuis Paris jusqu'à Bordeaux, par la* 2^(e). *route*. . . . . . 153 ½ lieues.

FIN DE LA DEUXIÈME ROUTE DE PARIS A BORDEAUX.

DESCRIPTION

DE

LA VILLE DE BORDEAUX.

Les deux routes par lesquelles nous sommes arrivés à Bordeaux (*) se trouvant réunies, ainsi que nous l'avons déjà dit, avant le relais du Carbon-Blanc, n'en font plus qu'une, depuis là jusqu'au village de la Bastide, qui, n'étant séparé de l'ancienne capitale de la Guyenne que par la Garonne, en pourra être considéré comme un faubourg, lorsque le pont qui doit établir cette importante communication sera terminé; et le moment n'en paraît pas éloigné, d'après l'interêt qu'y prend, et le zèle qu'y apporte le gouvernement. Une loi spéciale vient d'en assurer la prompte confection, en autorisant un péage de 99 ans, au profit de la compagnie

---

(*) Le lecteur en a dû compter trois; mais les deux premières se réunissant à Tours, il n'en reste plus que deux jusqu'à Bordeaux.

qui offre de concourir à cette dépense, estimée 7 millions, compris les 2,300,000 livres qu'ont coûté les travaux déjà faits. Il aura 19 arches, et sa longueur totale sera de 580 mètres. Il n'y a encore que 7 piles d'élevées au moment où nous écrivons. Ce pont devra être terminé en 1821. (*V. le rapport de M. Lainé, ministre de l'intérieur, à la Chambre des députés, séance du 9 mars 1818.*)

C'est une des plus hardies entreprises de ce genre, qu'ait jamais osé tenter l'industrie humaine. La possibilité en a été long-temps révoquée en doute, et l'on croyait tout au plus à celle d'un pont de bateaux, le seul qu'on se fût permis de proposer et d'espérer avant celui-là. M. Deschamps, inspecteur général des ponts et chaussées, chargé de cette construction, a soutenu le premier qu'un pont de pierres était possible; et l'a prouvé.

C'est une espèce de bras de mer sur lequel on jette un pont; car la Garonne à Bordeaux, où elle reçoit la marée à une assez grande hauteur pour admettre les plus gros vaisseaux de commerce (*), peut bien être regardée comme

---

(*) La différence de la plus haute marée à la plus basse, dans le port de Bordeaux, est de 20 pieds.

un bras de mer, d'après sa largeur de près d'un quart de lieue, et la force de ses eaux, continuellement en lutte avec celles de l'Océan. On la traverse, en attendant que le pont soit fait, comme nous avons passé la Dordogne à Cubsac, dans des barques, dites *gabarres*, ou bien dans des bacs, moins fréquemment employés, tant parce que le chargement en est plus long, que parce que la manœuvre en est plus difficile.

La belle façade du port de Bordeaux, qui frappe d'admiration le voyageur aussitôt qu'il arrive à la Bastide, étale successivement à ses regards, à mesure qu'il fend les eaux, le vaste fer à cheval dont elle lui offre la forme pittoresque : c'est l'effet d'un panorama qui se déroule.

Cette ligne demi-circulaire que décrit le port, lui est commandée par la rivière qui, décrivant la même courbe, ne saurait, d'après cela, *former précisément la corde d'un arc immense, dont l'œil embrasse à la fois la magnifique étendue,* comme le dit l'Ermite en voyage ; car puisque l'arc, dont l'œil embrasse l'étendue, est parallèle à la rivière, elle n'en représente point la corde. Ce port n'a pas non plus la figure d'un croissant, comme le donnent à entendre, entre autres descriptions, ces vers de Chapelle et Bachaumont :

> « Et vîmes au milieu des eaux
> Devant nous paraître Bordeaux,
> Dont le port, en croissant, resserre,
> Plus de barques et de vaisseaux
> Qu'aucun autre port de la terre. »

Si l'on veut trouver une forme de croissant à Bordeaux, ce ne peut être qu'à la ville même, dont l'enceinte présente réellement cette figure, composée, non d'un seul arc, comme le suppose la manière dont on emploie le mot *croissant*, mais bien de deux, qui, plus ouverts l'un que l'autre, s'écartent dans leur milieu, et se réunissent par leurs extrémités. C'est dans les plans de Bordeaux, ou dans les cartes à grande échelle, qu'il est possible d'en juger, et non en traversant la Garonne; car on ne voit, dans ce trajet, que les façades du port, sans voir le reste de la ville.

La pierre de taille, brunie par le temps, dont sont uniformément construites ces façades, ajoute à la majesté de la perspective, plus imposante, mais moins gracieuse que celle du Chartron, qui est cependant plus renommée. Cette dernière offre un immense faubourg de près d'une lieue de long, qui forme, à droite,

VILLE DE BORDEAUX.

la moitié de l'arc de cercle dont nous avons l'autre moitié devant les yeux. Celle-ci borde la ville proprement dite. On voit, d'après cela, que l'ensemble de ce port présente une longueur de près de deux lieues.

Rien n'égale le spectacle que m'a offert, la première fois que je suis arrivé à Bordeaux, cette longue enfilade de façades uniformes, rangées au bord d'une immense rivière, sur laquelle une forêt de mâts hérissés de cordages, balançaient, au gré des flots, leurs têtes dans les airs. Le mouvement et le bruit qui animaient cette double scène, ajoutaient à l'espèce de ravissement dont je ne pouvais me défendre, et qu'augmentait encore le tableau de verdure qui se développait sur l'autre rive, à mesure que je m'en éloignais.

On arrive au port de Bordeaux, comme dans tous les ports du monde, au milieu des cables de vaisseaux, qu'on esquive comme on peut, à droite et à gauche, et l'on y debarque au milieu des secours empressés de mille bras, au bout desquels s'ouvrent, bientôt après, autant de mains tendues pour demander leur salaire. Le voyageur en poste a vu partir ses chevaux à la Bastide, mais il en trouve d'autres au port, qui le conduisent à sa destination.

Sur ce port, et presque en face du débarquement, est une belle porte de ville, celle de *Bourgogne*, ainsi nommée, parce qu'elle fut construite pour célébrer la naissance du duc de Bourgogne. Ouverte en arc de triomphe, elle termine les fossés des salinières, espèce de promenade en forme de boulevart qui, ayant pris la place des anciens fossés, indique par conséquent la vieille enceinte de Bordeaux.

En parcourant ces fossés ou ces boulevarts, on voit, à droite, une autre porte de ville, qui se fait remarquer, par la forme gothique du bâtiment sous lequel elle est ouverte: c'est l'ancien hôtel-de-ville, que son insuffisance et sa vétusté ont fait abandonner pour un bâtiment plus commode, situé sur le même boulevart, du côté opposé. Nous avons le vieux Bordeaux à droite; la partie qui est à gauche résulte de divers agrandissemens successifs, et plus ou moins anciens, qui en ont fait, à la longue, un quartier fort considérable.

Cette partie, un peu mieux percée que l'autre sans être plus belle, est traversée par une rue principale et assez large, dès long-temps abandonnée aux Juifs, qui l'ont rendue extrêmement commerçante: c'est la rue Bouhault, qui fait face à la route de Toulouse et au faubourg de Saint-Julien, dont elle est séparée par la belle porte et la belle place de ce nom.

A cette place, vaste et circulaire, aboutissent plusieurs rues ou avenues longues, larges et alignées : c'est un des beaux quartiers de Bordeaux. Si l'on tourne à gauche, au sortir de la porte, deux larges rues conduisent à l'extrémité du port. Si l'on tourne à droite, on arrive par un cours magnifique, en faisant le tour d'une partie de la ville, à la place Dauphine, la première de Bordeaux quant à la grandeur, la seconde quant à la beauté ; elle est carrée, et bâtie uniformément en pierre de taille.

En face du Cours qui nous y a conduits, s'en présente un second, le plus beau de Bordeaux et le plus animé ; c'est le cours de Tourny : il conduit au faubourg ou port du Chartron. A la même place aboutit, sur la droite, la rue de l'Intendance, qui serait la plus belle de la ville si, prenant une plus grande largeur à l'extrémité opposée, elle ne formait, sous le nom de *Chapeau-Rouge*, une rue plus belle encore, qui n'est à proprement parler qu'un bout de rue ; mais ce bout de rue est la magnificence de Bordeaux. C'est là qu'en sont les plus belles maisons ; au nombre desquelles on distingue l'hôtel Sage, aujourd'hui la préfecture, et l'hôtel Fonfrède, remarquable surtout par son escalier.

Elle est si large pour sa longueur, ou si courte pour sa largeur, que le voyageur peut douter si c'est une rue ou une place qu'il admire. En la parcourant, on longe à gauche la salle de comédie, le plus beau monument de ce genre que possède la France. Nous en reparlerons après avoir achevé de parcourir l'enceinte du vieux Bordeaux, autour duquel nous tournons depuis que nous sommes débarqués.

Le bâtiment de la Bourse forme, au bout de la rue du Chapeau-Rouge, une forte saillie qui la termine. Un reste de rue, considérablement rétrécie par cette avance, sans être encore étroite, continue le long de cet édifice jusqu'à la rivière. La cour de la Bourse est entourée d'arcades, sous lesquelles les négocians se réfugiaient quand il venait à pleuvoir, et s'entassaient an point de pouvoir à peine se remuer. Pour parer à cet inconvénient, on s'est avisé de faire de cette cour une salle, en la couvrant d'une voûte vitrée. Certes, c'est une des plus belles salles qui soient au monde, et une idée très-heureuse pour la commodité des négocians, qui sont bien aise, sans doute, de traiter de leurs affaires à l'abri de la pluie; mais ce n'est plus une cour, et tout bâtiment composé de quatre ailes qui se réunissent par les quatre extrémités, semble en exiger une. La voûte détruit entièrement le bon effet que produisait la distribution des portiques.

Ils sont occupés par des boutiques ou des bureaux d'assurance; sur les murs sont inscrits les noms des diverses nations de l'univers avec lesquels Bordeaux est en relation de commerce, pour indiquer à chacune d'elles, le quartier où elles doivent se réunir; c'est par cette division qu'on a moins de peine à se trouver dans la foule, en cherchant chaque négociant étranger dans le quartier assigné à sa nation. Un bel escalier conduit à l'étage au-dessus, qui contient, avec les salles où siége la magistrature consulaire, les corridors où les marchands étalent leurs boutiques, pendant les deux célèbres foires de mars et d'octobre. La Bourse, outre la porte qui donne sur le Chapeau-Rouge, en a une autre sur la place Royale.

Cette place est la plus jolie de Bordeaux, quoiqu'un peu petite pour une aussi grande ville. Elle règne en fer à cheval sur la Garonne, à peu près comme règne sur la Seine, à Paris, celle des Quatre-Nations, bien plus petite encore. Le fer à cheval résulte des trois côtés d'un parallélogramme dont les angles sont coupés à pans: le quatrième côté est ouvert sur la rivière, que borde dans cette partie un haut et fort beau quai. Cette place a été construite en 1773, sur les dessins de Gabriël. Les bâtimens qui la décorent sont d'une architecture élégante et uniforme. Celui de la Bourse est à l'une des extrémités du fer à cheval, et celui de la Douane, qui lui correspond, est à l'autre extrémité. Toutes les façades sont ornées de frontons et de bas-reliefs allégoriques, relatifs au commerce et à la marine. Au milieu de cette place s'élevait la statue équestre de Louis XV, par Lemoine. Détruit, comme on le pense bien, par la révolution, ce monument ne tardera pas sans doute à être rétabli par la fidèle ville de Bordeaux.

Les façades qui règnent le long du port depuis cette place jusqu'à la porte de Bourgogne, n'ont rien de remarquable que leur solide construction en pierre de taille, leur bon style et leur parfaite régularité.

Le port se prolonge encore assez loin au-delà de cette porte, mais en diminuant toujours d'intérêt, par une progression décroissante de beauté et d'activité, qui dégoûte aisément les curieux de le parcourir jusqu'au bout, à moins qu'ils n'aient bien à cœur de voir le chantier de construction, et les restes du fort Sainte-Croix, ou *fort Louis*, qui le terminent.

Tout le vieux Bordeaux se trouve dans le cercle que nous venons de parcourir, et ce cercle est au moins d'une lieue. Si nous pénétrons dans l'intérieur, nous n'y trouvons que des rues généralement étroites et mal percées, des places sans régularité comme sans étendue, et des maisons sans architecture comme sans agrément; presque toutes néanmoins sont en pierre de taille.

La plus belle, et la seule qu'on puisse citer, est le Palais Archiépiscopal, devenu aujourd'hui *Maison Royale*. C'est un beau bâtiment d'une grandeur imposante et d'une construction aussi noble que régulière; les curieux s'en font montrer les appartemens. La vaste cour de cet hôtel est ouverte, par des grilles et des portiques, sur la place de Saint-André, dont elle borde le côté occidental. Sur le côté méridional s'élève la cathédrale qui a donné son nom à la place. Les deux autres côtés n'offrent que des façades insignifiantes, comme pour mieux faire ressortir l'effet du palais moderne et du temple gothique qui bordent les deux autres côtés.

Cette église est la plus belle de Bordeaux,

mais non une des plus belles de France, comme le disent Piganiol, Millin et autres, qui n'ont pas vu vraisemblablement celles d'Amiens, de Bourges, de Rheims, etc. La fondation en est attribuée aux Anglais, qui la firent élever pendant qu'ils occupaient la Guïenne. La diversité de style qu'on y remarque provient de la diversité des temps où elle a été construite, les Anglais n'ayant sans doute pas pu l'achever au milieu des troubles continuels qu'ils éprouvaient dans cette possession continentale. Deux flèches lancées avec hardiesse, au-dessus du grand portail, sont extérieurement ce qu'offre de plus remarquable ce temple gothique. Elles ont 260 pieds de haut, depuis le sol jusqu'au sommet, sans y comprendre la boule et la croix qui la terminent, et non 565 comme le prétend M. Millin (*).

―――――――――――

(*) Cette méprise assez forte de M. Millin, qui donne aux flèches de Saint-André 94 toises de hauteur, tandis qu'elles n'en ont pas la moitié, et que le plus haut de tous les clochers de l'Europe, celui de Strasbourg, n'en a que 75, comme nous avons déjà eu occasion de le dire, en rappelle une autre du même auteur et de la même nature, mais un peu plus forte, consistant à donner une profondeur de mille toises, qui est celle des principales vallées des Alpes, au petit vallon du Cousin,

VILLE DE BORDEAUX.

L'intérieur de cette église renferme quelques détails curieux dont il ne me reste qu'un vague souvenir, ayant eu le malheur de perdre les notes que j'en avais prises à l'un de mes voyages. Heureusement qu'elles ne sont pas essentielles pour le complément d'une description qui, d'après notre plan, n'admet que les masses et les objets principaux.

Trois autres grandes églises gothiques se font encore remarquer à Bordeaux : celle de Saint-Michel et de Sainte-Croix, dans la partie orientale de la ville, au-delà des fossés de Salinières, et celle de Saint-Surin, dans la partie occidentale, au-delà et non loin de la place Dauphine.

Saint-Michel m'a offert un assez beau vaisseau, où se fait remarquer une chaire en bois et en marbre. Le clocher de cette église en est détaché; il a perdu la moitié de sa hauteur en perdant sa flèche, qui a été renversée par un

---

en Bourgogne, qui n'en a seulement pas cent. (*V. route de Paris à Lyon*, p. 34.)

Que M. Millin prenne mieux ses informations, qu'il épuise comme nous les recherches locales, qu'il tienne comme nous sa plume long-temps suspendue avant d'écrire; en un mot, qu'il ne publie pas des erreurs, s'il ne veut pas que nous les relevions.

ouragan en 1767. La moitié qui lui reste, c'est-à-dire la tour qui servait de base à la pyramide, ne s'élève qu'à 168 pieds. Les curieux y montent pour jouir du double coup d'œil de la ville et de la campagne.

Sainte-Croix annonce, par son architecture, un gothique très-reculé, qu'on ne peut cependant faire remonter au-delà du xie. siècle. Un arceau du portail est surchargé de reliefs où le sculpteur s'est plu à mettre religieusement en action le *Crescite* et *Multiplicamini* de la Genèse, ce qui a fait croire que c'était un temple païen. On voit une belle Descente de Croix dans l'église, et quelques autres bons tableaux dans la sacristie.

L'architecture de Saint-Surin porte un caractère d'originalité qui mérite l'attention d'une certaine classe d'amateurs. On y arrive par une petite avenue ombragée qui traverse le terrain de l'ancien et très-ancien cimetière de cette église. Les arbres alternent avec des bancs formés des sarcophages où reposaient les restes des premiers chrétiens.

Dans le quartier, et tout près de cette antique église, est un reste d'amphithéâtre romain, qu'on a baptisé *Palais Gallien* : Gallien, parce qu'il paraît avoir été construit sous le règne de cet empereur, et *Palais*, parce que les premiers auteurs qui en ont parlé, se sont trompés sur sa véritable destination.

Je l'avais vu en 1794, 95 et 96, et malgré les dégâts qu'il avait déjà éprouvés, l'œil en embrassait encore toute la circonférence ; le mur d'enceinte était presque entièrement sur pied.

Je l'ai revu depuis et ne l'ai point reconnu : dans l'espace de vingt-quatre ans, il a succombé sous les outrages successifs de la cupidité ; et l'on peut dire aussi, de la barbarie. Ce qui en reste aujourd'hui mérite à peine d'être conservé, encore moins d'être indiqué aux voyageurs comme objet de curiosité. Cette ruine ne peut guère intéresser que l'antiquaire de profession, ou l'amateur consommé. L'un et l'autre, en y retrouvant la maçonnerie des anciens, et la forme elliptique de leurs amphithéâtres, s'étonneront de n'y reconnaître aucune trace des gradins qui accompagnent tous les autres monumens de cette nature. On est réduit à présumer qu'ils étaient en charpente ; mais on devrait voir au moins, dans les murs, les trous des poutres ou des solives, et l'on n'en aperçoit aucune trace.

Je soumets aux antiquaires mon observation,

qui me paraît leur avoir échappé, comme elle me paraît aussi mettre en doute, jusqu'à un certain point, la véritable destination de cet édifice, qui cependant ressemble plus à un amphithéâtre qu'à toute autre chose ; mais pour un palais, il n'y ressemble nullement, et l'on ne conçoit pas même comment on a pu lui en donner le nom.

Plusieurs géographes, embarrassés de ces mots de *palais* et d'*amphithéâtre* employés alternativement par leurs prédécesseurs, se sont tirés d'affaire, en supposant qu'il y avait l'un et l'autre, et annonçant à leurs lecteurs un palais Gallien et un amphithéâtre à Bordeaux.

Je n'ai point mesuré les dimensions de ce monument, espérant les trouver dans les auteurs qui en ont parlé avant moi ; mais ils diffèrent tellement à cet égard que, ne sachant à quelle mesure m'arrêter, je prends le parti de mettre sous les yeux de mes lecteurs celles que j'ai sous les yeux moi-même. Piganiol, Expilly et le *Voyageur français* lui donnent, en se copiant réciproquement, 227 pieds de long, sur 140 de large. Une *Géographie de France*, que j'ai pareillement dans les mains, 208 sur 168. L'auteur du *Voyage dans les*

Départemens de la France, 370 sur 230, et M. Millin, 226 sur 166. Il faut noter qu'ils n'entendent parler, les uns et les autres, que de l'enceinte intérieure, c'est-à-dire de l'arène. Cette diversité d'opinions sur des faits aussi positifs, et aussi faciles à vérifier, est encore une chose bonne à noter.

Aucun autre reste d'antiquité ne subsiste plus à Bordeaux : la porte basse, construite, dit-on, sous Auguste, a été démolie dans l'intervalle de mes divers passages. Elle était *très-basse* en effet, à cause de l'exhaussement qu'avait éprouvé le terrain, postérieurement, sans doute, à ces vers plus fastueux que brillans :

> Bordeaux vante ton monument,
> Tel de la vieille Rome était le fondement;
> Plus auguste est ta porte basse
> Que le haut portail d'un palais,
> Son antique et superbe masse
> Voit les siècles couler sans s'ébranler jamais.

Un troisième et bien plus beau monument romain, décorait cette ville avant que Louis XIV le fit abatre pour étendre les glacis, et faciliter la défense du Château-Trompette. Il existait encore alors, presque en son entier, et portait le nom de *palais de Tutèle*, par une erreur semblable à celle qui a fait baptiser *palais Gallien*, l'amphithéâtre dont nous venons de parler. Suivant les descriptions qui nous en restent, il avait tout le caractère d'un temple ; et l'on a supposé qu'il était consacré à la *Tutèle*, ou aux dieux tutélaires, d'après l'inscription suivante, qu'on y a trouvée, et qu'on conserve encore au Musée de Bordeaux, dans la salle des antiques :

TUTELAE
AUG.
LASCIUS CANIL
EX VOTO
L. D. EX D. D.

Cette inscription nous apprend qu'il a été fondé par un Lascius Canilius (*). Les initiales de la dernière ligne ont été expliquées ainsi :

Locus datus ex decreto Decurionum.
Lieu donné par décret des Décurions.

Ce temple offrait un parallélogramme orné de 6 colonnes sur chacun des petits côtés, de 8 sur les deux autres, en comptant deux fois

---

(*) Ne semble-t-elle pas nous apprendre aussi par ces mots *Tutelæ Augusti* : A LA PROTECTION D'AUGUSTE, qu'il a été dédié à Auguste, protecteur, et non à des dieux tutélaires qui n'y sont pas mentionnés ?

celles des angles, ce qui faisait 24 colonnes en tout, et offrait beaucoup de ressemblance avec la maison carrée de Nîmes. Sur 24 colonnes il en restait encore 18 debout dans le temps qu'Elie Vinet publia ses notes sur Ausone. Elles étaient cannelées, d'un ordre corinthien très-bien exécuté, et d'une hauteur qui surpassait celle des édifices les plus élevés de la ville.

« Ainsi, s'écrie douloureusement Piganiol, il ne reste plus aujourd'hui aucun vestige de ce fameux temple de *la Tutèle*, qu'un triste souvenir de sa ruine. » Les savans et les antiquaires de France en témoignèrent leurs regrets, que leur aidèrent à exprimer les poëtes du temps. L'un d'eux s'exprime ainsi dans le *Mercure* du mois de mars 1707.

Pourquoi démolit-on ces colonnes des dieux,
Ouvrage des Césars, monument tutélaire,
Depuis mille ans et plus que le temps les révère
    Elles s'élevaient jusqu'aux cieux ;
Il faut que leur orgueil cède à la forteresse
    Où Mars pour nous veille sans cesse.
Son redoutable mur, édifice royal,
    Ne doit point souffrir de rival.

Le Château-Trompette, auquel on a sacrifié

ce monument, vient d'être sacrifié lui-même aux vœux et à l'embellissement de la ville. Son arrêt était prononcé depuis longues années et ne s'exécutait point, je le retrouvais toujours sur pied à mes divers passages ; enfin il vient d'être rasé, après avoir été l'un des boulevarts de Buonaparte pendant les *cent jours*, sous le commandement du général Clausel. Cette ancienne citadelle existait depuis 1754; mais elle avait été réparée sous Louis XIV par le maréchal Vauban. Située entre la ville et le faubourg, elle défendait et commandait également l'un et l'autre.

Sa destruction a été précédée de celles du fort de Sainte-Croix, près de l'église de ce nom, et du château du Ha, près de la cathédrale. Destinés de même à la défense de la ville, ils n'ont jamais eu ni l'un ni l'autre, je crois, l'occasion d'essayer leur force, ou plutôt leur faiblesse. Le donjon du château du Ha, qui reste encore sur pied, est consacré à une maison de détention, seul usage auquel il a paru propre. Sur l'emplacement et les glacis du Château-Trompette, on construit un quartier neuf et magnifique qui réunira la ville avec le Chartron, et qu'embelliront encore des promenades dont la magnificence doit répondre à celle des places, des rues et des édifices qui composeront le nouveau quartier.

Cette partie intermédiaire entre le port du Chartron, où se fait plus particulièrement le commerce de mer, et le port de la ville, où se fait davantage celui de terre, était déjà une espèce de centre commun d'activité, avant même la destruction de la forteresse qui en occupait la partie la plus intéressante et semblait, par son seul aspect, repousser loin de là tout commerce et toute industrie, en mettant, pour ainsi dire, en présence le farouche Mars et le pacifique Mercure.

Si ce centre d'activité n'est pas encore celui du commerce, il est au moins celui des plaisirs : c'est là que sont les allées de Tourny, la plus fréquentée des promenades de Bordeaux, et tous les petits spectacles qui, rangés le long de cette promenade, attirent plus la foule que le grand théâtre placé au bout, dans le quartier du Chapeau-Rouge.

Ce théâtre est si beau, si admirable en dehors, que les Bordelais se contentent de le voir de cette manière ; quand ils y vont c'est pour parler de leurs affaires. On y termine le soir les marchés commencés le matin à la Bourse. Les concerts, les opéras, les ballets, où quelque grand acteur de Paris, ont seuls droit à l'empressement du public bordelais; alors seulement la salle est remplie. La musique et la danse sont les deux arts en honneur à Bordeaux.

Nous ne devons pas renvoyer plus loin la description de cette salle, chef-d'œuvre de l'architecte Louis, chef-d'œuvre de l'architecture moderne. J'ai vu celles d'Italie dont on parle tant, et celles de Londres dont on parle si peu : le grand théâtre de Turin, celui de la Scala à Milan, celui de San-Carlo à Naples, et surtout celui de l'Opéra-Italien à Londres, sont incomparablement et plus vastes et plus beaux dans l'intérieur; mais aucun n'approche de celui de Bordeaux, quant à la beauté extérieure de l'édifice, aussi riche par ses détails que majestueux par son ensemble.

Entièrement isolé, comme l'Opéra-Italien ou l'Odéon à Paris, il est entouré de portiques, comme ce dernier, qui, tout beau qu'il est, le cède, sous tous les rapports, à celui de Bordeaux, excepté par son emplacement élevé, d'où il domine les trois jolies rues droites par lesquelles on y arrive. Cette triple avenue peut être regardée comme un autre genre de supériorité du théâtre de l'Odéon sur celui de Bordeaux, qui, longé par la plus belle rue de la ville, celle du Chapeau-Rouge, n'en a aucune en face. Les allées de Tourny, vis-à-vis desquelles il était aisé, ce semble, de le bâtir, arrivent en diagonale à la place carrée qui est devant la façade.

Cette place est une des plus belles de Bordeaux; mais son véritable embellissement est le péristyle du théâtre, composé de douze magnifiques colonnes d'ordre corynthien. La frise qui est au-dessus est couronnée d'une balustrade, qui porte douze statues, répondant à chacune des colonnes. Du portique on passe dans le vestibule, qui est d'une majesté frappante et d'une extrême hardiesse. Des colonnes doriques y soutiennent une voûte plate, ornée de belles rosaces. Dans le fond de ce grand et magnifique vestibule, se développe, à droite et à gauche, avec autant de grâce que de noblesse, un double et vaste escalier éclairé par la coupole, et non moins riche de sculpture que d'architecture : il conduit à un second vestibule, soutenu par un péristyle de huit colonnes ioniques, d'où le public se distribue dans les diverses parties de la salle.

L'ordre corinthien qui règne dans les colonnes du frontispice et dans les pilastres des trois autres côtés, règne encore dans l'intérieur de cette salle. Douze colonnes du plus grand module y élèvent leurs chapiteaux dorés jusqu'au plafond, en séparant en autant de balcons chaque rang de loges. Ce plafond, peint primitivement par Robin, et repeint depuis par Lacour, va être renouvelé encore, ainsi que tout le reste des peintures et dorures de la salle, qui ont perdu leur ancien éclat, si brillant et si riche dans leur état primitif, que les dames lui reprochaient, dit-on, d'éclipser celui de leurs parures.

La grandeur de cette salle ne m'a semblé nullement en rapport avec ce qu'en disent la plupart des auteurs, qui répètent tous, les uns après les autres, que c'est la plus grande de l'Europe; c'est qu'ils ne connaissent pas toutes celles de l'Europe, ou qu'ils ne les ont pas bien examinées; à moins qu'ils ne confondent la salle avec l'édifice, qui est véritablement immense. Non-seulement la salle de Bordeaux est de beaucoup inférieure en grandeur à celles de Turin, de Milan, de Naples et de Londres, comme nous l'avons déjà dit; mais elle me paraît l'être encore à celles de l'Opéra de Paris, sauf erreur cependant, n'ayant mesuré ni l'une ni l'autre.

Quant au théâtre même, son étendue répond parfaitement à celle de l'édifice, et ne le cède peut-être à celle d'aucun autre théâtre connu. Le jeu des machines s'y exécute avec facilité, et presque aussi-bien qu'à l'Opéra de Paris; on y admire surtout les quatre étages placés au-dessous du théâtre, et le jeu de bascule qui exhausse à volonté le plancher du parterre; on admire aussi la charpente du comble. Au-dessus du vestibule est une seconde salle, celle du concert : elle est ovale, distribuée en trois rangs de loges, et ornée de colonnes ioniques, qui règnent tout autour. Elle joint au mérite de son élégante architecture, celui de ne point porter sur la voûte plate du vestibule, et d'être au contraire supportée elle-même par le comble, auquel elle est comme suspendue.

Deux foyers et divers appartemens, pour les divers employés du théâtre, occupent le reste de ce vaste bâtiment. Construit par les soins du duc de Richelieu, il fut achevé en peu d'années; et l'ouverture du plus beau théâtre de France fut faite, en 1782, par la représentation de la plus belle tragédie française, Athalie.

Dans un de mes passages à Bordeaux, j'ai trouvé les foyers et la salle du concert convertis en salles de jeu, et aussi remplis de joueurs que la salle de spectacle était vide de spectateurs. Deux estimables maires qui se sont succédés dans cette ville, MM. de Montbadon et de Lynch, tous deux aujourd'hui pairs de France, ont acquis des droits éternels à la reconnaissance de leurs concitoyens, en s'armant d'une sainte indignation, pour chasser du temple de Melpomène ces sacrilèges profanateurs, à peu près comme furent chassés par la colère divine (*si parva licet componere magnis*), les profanateurs du temple de Jérusalem, et en extirpant ainsi la désastreuse fureur du jeu, qui commençait à s'emparer de cette opulente cité.

Non loin de ce théâtre sont deux jolies places circulaires, l'une au bout, l'autre à côté des allées de Tourny. La première, celle de Saint-Germain, coupe en deux parties égales, le grand et beau cours de Tourny. La seconde, celle du Marché-Neuf, plus noblement appelée *des Grands-Hommes*, n'est pas encore achevée, quoique le marché y soit déjà établi : elle fait, avec les jolies rues, également nouvelles, qui y aboutissent, partie du système général de construction, qui doit convertir en un quartier magnifique l'emplacement du Château-Trompette et les terrains adjacens. Cet embellissement majeur sera aussi un agrandissement considérable pour Bordeaux; car le quartier projeté suffirait à lui seul, par son étendue, pour former une ville d'un certain ordre.

Entre la place de St.-Germain et le faubourg du Chartron, est la plus belle promenade de Bordeaux, celle du jardin public, dont les grilles bordent le cours de Tourny.

Entre la place des Grands-Hommes et celle du Grand-Théâtre, très-près de l'une et de l'autre, et encore plus près des allées de Tourny, est le bâtiment qui a été consacré au Musée de la ville, sous la mairie et par les soins de M. le comte de Lynch. Il y a réuni tout ce qu'il a pu retrouver des monumens et des débris de l'ancien Bordeaux, et il n'en a composé qu'un bien petit muséum d'antiques. Dans le même bâtiment est un petit salon de peinture, un tout aussi petit cabinet d'histoire naturelle, et une bibliothèque d'une proportion beaucoup plus grande.

J'ai tout vu, tout examiné, tout noté, et mes notes ont été perdues avec celles que j'avais prises à la cathédrale : il ne m'en reste que les impressions, qui ne se perdent pas de même. Le lecteur n'y perdra, de son côté, que l'avantage de connaître au juste le nombre de livres qui composent cette bibliothèque, particularité dont je ne manque pas plus de m'informer que de la population des villes ; mais je ne lui laisserai pas ignorer les objets dont j'ai été le plus frappé, et qui, par cette raison, ont resté le plus profondément gravés dans mon souvenir : ce sont, dans le Musée des Antiques, un massif carré, et deux grands sarcophages chargés de reliefs très-curieux ; dans le Musée de Peinture, deux ou trois bons tableaux d'histoire, envoyés par le ministre de l'intérieur ; dans celui d'Histoire Naturelle, son excellente tenue ; dans la Bibliothèque, un portrait de Montesquieu, par Lemaire, et un vieux exemplaire des *Essais* de Montaigne, avec des corrections marginales de sa main. On juge que c'était une épreuve à la manière dont il explique et motive les corrections, en donnant, avec ce ton philosophique qui ne l'abandonnait jamais, des leçons grammaticales à ses imprimeurs. Le conservateur me fit l'histoire de ce précieux exemplaire ; je l'ai oubliée sans beaucoup la regretter : l'histoire d'un livre est dans le livre même.

Nous ne finirons pas la description de Bordeaux sans visiter, rue des Minimes, la modeste maison, et rue des Feuillans, (aujourd'hui *rue Montaigne*), le modeste tombeau de ce grand philosophe. La maison est sous le numéro 17, et le tombeau dans l'église du collége, jadis des

Feuillans. Il est surchargé d'inscriptions, dont quatre en latin, une en grec, et toutes dans un style lapidaire, que je ne saurais vanter avec M. Millin, parce que je n'aime pas les énigmes, n'importe dans quel style, lors même que je parviens à les deviner. Je n'aime pas non plus l'emphase et la longueur des inscriptions de ce tombeau, encore moins les jactances gasconnes que l'on met dans la bouche de Montaigne, en le faisant parler lui-même, pour nous dire modestement en grec, qu'il est un être divin, descendu du ciel sur la terre des Celtes, et que s'il n'est pas le huitième sage de la Grèce, ni le troisième des Ausoniens, il n'en craint pas un autre pour la profondeur de la sagesse, comme pour les talens de l'élocution, jactances dont le philosophe se fût moqué le premier, si elles avaient pu lui être communiquées de son vivant (*).

La ville de Bordeaux est à peu près complètement décrite, sous le rapport physique, dans

---

(*) *Je n'en crains pas un autre*, n'est pas précisément, comme on le pense bien, l'expression du texte ; mais si la traduction n'est pas littérale quant aux mots, elle l'est quant aux choses. Les mots grecs sont : εἰς πάντων ἀντάξιος ἄλλων, répondant à ceux-ci : *Seul je vaux tous les autres;* ce qui est moins plaisant, mais plus vaniteux.

ce qu'on vient de lire. Nous n'avons pas encore parlé de son immense commerce, consistant dans l'exportation des vins et eaux-de-vie de Bordeaux (*), des blés et farines de Moissac, des résines des Landes, etc., et dans l'importation de toutes les denrées et marchandises des deux continens.

L'étendue de ses relations a pour bornes, les bornes de l'univers en temps de paix, la tour de Cordouan en temps de guerre : (il est évident que nous n'entendons parler que de la guerre maritime). Alors ces innombrables navires qui remplissent le port, le désertent s'ils sont étrangers, y pourrissent s'ils sont nationaux; les grands arrivages comme les grandes expéditions, font place, soit à un cabotage furtif et toujours hasardeux, qui n'admet que des spéculations rétrécies, soit à quelques armemens de corsaires, qui démoralisent les équipages, en leur apprenant que le bien d'autrui n'est pas toujours sacré.

La terre participe de l'inactivité qui règne sur les eaux; les quais sont déserts et sans mouvement; aucun son ne trouble les airs : tout est muet, tout est morne, tout est mort.

(*) On évalue cette exportation à cent mille tonneaux, une année portant l'autre.

Tel est le spectacle que m'a offert le port du Chartron, en 1812 et 1813 : l'herbe y croissait aux mêmes lieux où se pressait auparavant la foule ; les maisons même étaient inhabitées. Le négociant, ne pouvant soutenir le spectacle de cette désolante solitude, ni le poids de cette longue stagnation, avait relegué dans ses champs son industrieuse activité, à laquelle la paix vient de donner un nouvel et prompt essor : aussitôt il a déserté sa maison de campagne pour sa maison de commerce, ses champs pour ses celliers.

Rien n'égale le mouvement commercial qui règne, en temps de paix, au port de Chartron, si ce n'est peut-être celui qui règne au port de la ville, qui souffre moins de la guerre maritime, parce que ses relations principales sont avec l'intérieur. C'est au Chartron que se font les plus grands armemens et le plus grand commerce des vins : c'est là qu'on voit rouler, en plus grande quantité, les tonneaux qui les contiennent, se rendant, des vastes magasins qu'ils occupent dans les rez-de-chaussée et sur les derrières des maisons, aux vaisseaux qui les attendent, pour les transporter dans les deux mondes.

C'est là que règne, avec le luxe des tables, celui des caves, ou, pour parler plus juste, des celliers ou *chais*, en terme du pays; car c'est une chose remarquable que les vins de Bordeaux n'habitent point les caves comme ceux de Champagne et de Bourgogne, mais les rez-de-chaussée; aussi ne les boit-on pas frais : on se contente de les boire bons.

Gourmets, qui recherchez la délicatesse et la diversité des vins, allez à Bordeaux et dînez au Chartron, ce qui ne vous sera pas difficile; car il est impossible d'être plus invitant et plus honorable que le négociant Bordelais: on ne vous y servira jamais le même vin, vous en changerez à chaque coup : c'est une dégustation continuelle, et toujours avec un *crescendo* soutenu, qui finit par arriver au fameux *Madère*, au plus fameux *Constance*, après avoir épuisé, bien entendu, tous les crus de Bordeaux, tous les *Graves* blancs et rouges, tous les *Médocs*, les *Lafitte*, les *Château-Margaux*, les *Barsac*, les *Sauterne*, etc., etc.

C'est une qualité particulière aux Bordelais, que ce caractère invitant et hospitalier : on ne le trouve au même degré dans aucune autre ville de France; on trouve tout le contraire à Marseille. Le négociant du Chartron ne manque guère, à son retour de la Bourse, d'emmener dîner chez lui, et les personnes avec qui il a traité, et celles avec qui il est en marché. Chemin faisant, il amène encore les amis qu'il rencontre, négocians ou non; ce n'est que quelques couverts de plus à mettre, et souvent ils sont mis d'avance. Son épouse, qui est au fait de ses dispositions invitantes, et qui souvent les partage, n'est jamais prise au dépourvu : elle sait que tel est le plaisir, l'unique plaisir de son mari, occupé tout le reste de la journée ou à son comptoir, ou dans ses magasins, ou à la Bourse ; effectivement, le négociant Bordelais n'en connaît guère d'autres. Tout entier à ses affaires, il ne va au théâtre que pour en parler, et ne se promène qu'en allant de son comptoir à la Bourse, soit par les quais, soit par le cours et les allées de Tourny. Près de ce cours et du Chartron, il a la belle promenade du jardin public, et ne la fréquente point. Comme il n'existe que par le commerce, il n'existe aussi que pour lui.

Le reste des habitans, étranger au commerce, ne l'est pas à l'amour des richesses. La soif de les acquérir, et le besoin de les répandre, sont des traits saillans du caractère des Bordelais. Nous avons vu qu'ils aiment les arts ; ils aiment aussi les honneurs et même la gloire. Il arrivent fréquemment aux uns, quelquefois à l'autre;

et la nature leur en a prodigué tous les moyens. On leur reproche la jactance, cette maladie endémique du climat : sans doute elle a trop souvent l'initiative sur les talens; mais elle ne les exclut pas comme ailleurs. Dans ce pays, on a toujours le sentiment de son mérite, et la franchise de ne point s'en cacher; car la franchise n'est nullement étrangère au caractère du Bordelais ; qui joint d'ailleurs à la légèreté du Français, la gaieté, l'esprit et la pétulance du Gascon; mais il faut qu'il se vante de ses qualités: trop judicieux pour les ignorer, il est trop communicatif pour pouvoir s'en taire; souvent même il se vante de celles quil n'a point; c'est un produit du terroir : où la culture de la vérité passe pour être un peu négligée.

S'il est vrai qu'on a l'habitude de mentir plus qu'ailleurs, sur les bords de la Garonne, la cause n'en est ni au sol, ni au climat, ni au caractère des habitans, mais à la manie qu'ils ont contractée de s'amuser à faire des contes, du ton le plus persuasif, pour mieux mystifier la crédulité. A force de mentir et de tromper pour son amusement, on s'accoutume à mentir et à tromper pour son intérêt.

Au demeurant, ces traits qui caractérisent plus les Gascons en général, que les Bordelais en particulier, trouvent encore mieux leur application dans d'autres villes du midi que dans celle de Bordeaux, qui nous a offert un plus grand nombre d'exceptions qu'aucune d'entre elles : ses relations avec tous les pays du monde, et le grand nombre d'étrangers qui l'habitent ou la fréquentent, y ont dénaturé, jusqu'à un certain point, le caractère national.

La population de Bordeaux, presque aussi dépendante de son commerce que sa prospérité, varie, comme lui, du tout au tout, par l'effet de la paix ou de la guerre, dont l'une l'élève facilement au-dessus de cent mille âmes, tandis que l'autre l'avait fait descendre, de nos jours, au-dessous de soixante mille.

Marseille, la ville de France la plus comparable à celle de Bordeaux, ne varie pas autant de population, parce qu'elle dépend moins, à cet égard, des chances de la guerre, ses relations principales avec les échelles du Levant étant moins sujettes à être interceptées, soit en ce qu'elles sont plus rapprochées, et l'ennemi plus éloigné, soit en ce que la position de Marseille, sur le bord même de la mer, lui permet de mieux voir le danger, et de saisir le moment favorable pour mettre à la voile.

Les derniers recensemens qui m'ont été communiqués dans ces deux villes, sembleraient placer Marseille de beaucoup au-dessus de Bordeaux, parce que celle-ci avait perdu la moitié de sa population, et que l'autre avait presque toute la sienne, quoique dans les mêmes circonstances. Bordeaux, d'ailleurs, par son étendue et celle de son port, l'emporte de beaucoup sur Marseille, et l'emportera bientôt aussi, quant à la population, si la paix continue à favoriser ses moyens d'accroissement.

Dans l'état actuel, c'est sans contredit, et sans aucune exception, la seconde ville, comme le premier port commerçant de France ; c'est aussi celle qui nous a présenté le plus de rapport avec la Capitale, par son ton de grande ville, sa magnificence et le luxe des voitures, aussi nombreuses qu'élégantes, qu'on y voit circuler. Ni Marseille ni Lyon n'égalent Bordeaux sous ce dernier rapport ; il n'en est pas de même pour la circulation des piétons, moins active dans les principales rues de cette ville que dans celles de Lyon.

Outre son commerce maritime, Bordeaux renferme plus de 40 raffineries de sucre, plusieurs verreries à bouteilles, et de nombreuses fabriques de liqueurs, dont la plus renommée est l'anisette. La tonnellerie est aussi, comme on pense bien, une branche essentielle de l'industrie bordelaise.

Le fameux moulin de Bacalan, construit à l'extrémité du Chartron, vers la fin du dernier siècle, était remarquable en ce qu'une seule roue, mise en mouvement tour à tour par la marée montante et descendante, faisait tourner à la fois 24 meules. Il est aujourd'hui encombré par les sédimens vaseux que les eaux y ont déposés; ce qui rend inutile et la belle mécanique et les beaux travaux qu'on y admirait, et tous les millions qu'il a coûtés. Dans le même faubourg, on montre l'emplacement et quelques restes de l'ancienne Chartreuse, d'où dérive le nom de Chartron.

La nouvelle Chartreuse, située à une autre extrémité de la ville, mérite d'être vue, et pour son enclos dont on a fait un cimetière somptueux, à l'instar de celui du père La Chaise à Paris, et pour sa jolie église moderne, peinte à Fresque par Benserade. Si nous n'en avons point parlé en décrivant les églises de Bordeaux, c'est qu'elle n'est point dans l'intérieur de la ville; et pour nous y transporter, il eût fallu nous écarter de la marche que nous nous sommes tracée.

Cette ville, que nous avons vu présenter un croissant de près de deux lieues d'ouverture, en le mesurant dans sa concavité, le long du port, doit présenter une plus grande longueur encore, en mesurant le croissant dans sa convexité, mesure difficile à prendre, parce que cette partie de l'enceinte se perd de tous les côtés au milieu des campagnes ; mais les deux longueurs réunies doivent former un total d'environ 4 lieues. Dans cette enceinte sont beaucoup de quartiers inhabités : d'autres ne sont pas encore bâtis.

Le commerce, quoique prédominant à Bordeaux, n'y exerce cependant pas sur l'esprit des habitans un empire aussi exclusif qu'on pourrait le croire. Un parlement célèbre qui a fourni à la France les deux plus grands philosophes dont elle s'honore, Montaigne et Montesquieu, et l'un de ses plus aimables écrivains, le président Dupaty, avait aussi son influence. Le barreau de Bordeaux qui a toujours été une pépinière d'orateurs, a toujours aussi maintenu dans cette ville, au plus haut degré, avec le goût de l'éloquence, celui des sciences et des lettres. C'est à cette école qu'ont été formés les Vergniaux, les Guadet, les Gensonné, les Ducos, dont les talens, dignes d'une meilleure cause, n'ont que trop bien servi celle qu'ils avaient eu le malheur d'embrasser.

De nos jours, une plus sainte cause a été plus glorieusement servie par les talens et la courageuse éloquence de MM. Desèze et Lainé, tous deux anciens avocats de Bordeaux, élevés aujourd'hui à la dignité l'un de pair de France, l'autre de ministre de l'intérieur.

Puisque nous en sommes aux talens qui ont honoré cette ville, de nos jours, nous ne devons point omettre l'*Ami des enfans* Arnaud Berquin, mort au commencement de la révolution, ni le poète satyrique Despaze, mort à la fleur de son âge, depuis peu d'années; ni le poète ni le statuaire Dupaty, tous deux fils du célèbre président ; ni le graveur Audrieux; ni les deux peintres Palière et Bergert; ni les deux musiciens Garat et Rode, l'un le premier chanteur, l'autre le premier violon de France.

En remontant l'échelle chronologique des annales bordelaises jusqu'au dernier échelon, où nous attend le poète Ausone, nous trouverons les échelons intermédiaires inégalement occupés par les hommes célèbres nés à Bordeaux en divers temps; les principaux sont :

Le grammairien Jean-Jacques Lebel, auteur d'un Dictionnaire Néologique, et mort à Paris en 1778, d'un excès de travail.

L'abbé Dazez, auteur de divers ouvrages en faveur des jésuites, mort en 1766.

Les deux Jésuites Joseph-François Lafiteau, et Pierre-François Lafiteau, le premier, auteur de l'excellent ouvrage ayant pour titre : *Mœurs des sauvages Américains, comparées aux mœurs des premiers temps*, mort en 1740; le second, auteur d'une histoire de la *Constitution Unigénitus*, mort en 1764.

Le Jésuite le Comte, auteur de deux volumes de lettres intéressantes, sur la Chine, mort en 1727.

Le prédicateur Joseph de Voisin, mort en 1685, auteur de quelques ouvrages de théologie.

Le prédicateur Biroat, mort en 1666.

L'historien du Haillan, auteur de la première Histoire de France qu'on connaisse, mort en 1610.

Jean d'Espagnet son contemporain, président du parlement, et philosophe hermétique, qui a publié divers ouvrages sur cette matière, notamment sur la pierre philosophale.

Nous sommes obligés de franchir plusieurs échelons entièrement vides, pour arriver au dernier, occupé par deux auteurs latins, qui furent tous les deux honorés de la pourpre romaine; l'un est Saint Paulin, mort en 431, après avoir laissé divers ouvrages en prose et en vers, où l'on remarque un style fleuri et une fort bonne latinité. L'autre est le poète, professeur et grammairien Ausone, son maître, qui le fut aussi de l'empereur Adrien, et mourut l'an 393, en Saintonge, où il s'était retiré, après avoir joui de la faveur impériale, et avoir publié divers ouvrages de poésie, dont le plus estimé est le poëme de la Mozelle.

Nous sommes trop scrupuleux observateurs de l'exactitude, pour laisser nos lecteurs dans la persuasion que les trois illustres parlementaires placés à la tête de cette honorable liste, étaient de Bordeaux, qui n'a réellement donné le jour à aucun de ces trois écrivains, et ne peut réclamer, avec fondement, que l'auteur de *l'Esprit des Lois*, né dans le château de Labrède, à quelques lieues de cette ville. Quant à l'auteur des *Essais*, nous avons vu son berceau dans le château de Montagne-Saint-Michel, en Périgord, province remplacée aujourd'hui par le département de la Dordogne : et l'auteur des *Lettres sur l'Italie* est né à la Rochelle, chef-lieu de la Charente-Inférieure.

Le chef-lieu de la Gironde, que nous décrivons, possède, avec la préfecture de ce département, un hôtel des monnaies et tous les tribunaux, ainsi que tous les établissemens administratifs, maritimes et commerciaux dont un chef-lieu, un port de mer et une place de commerce de cette importance, ont paru susceptibles.

On vante son collége et ses hôpitaux, qui sont en effet fort bien tenus. Cette ville est le siége d'un archevêché, dont dépendent les trois évêchés de Poitiers, d'Angoulême et de la Rochelle.

L'ancienneté de Bordeaux, attestée par les monumens conservés ou récemment détruits dans ses murs, remonte et se perd au temps des Romains. Strabon est le premier qui en fasse mention sous le nom de *Burdigala*, nom que lui donne aussi Ptolomée. « La preuve, dit d'Anville, que c'était dès-lors une ville puissante, c'est qu'elle fut élevée à la dignité de métropole de l'Aquitaine seconde : *metropolis civitas Burdigalensium*, dans la Notice des provinces de la Gaule ; et c'est perdre du temps, ajoute-t-il, que d'entrer dans l'examen des diverses étymologies qu'on a données du nom de *Burdigala* ». Après les avoir, lues comme lui, nous croyons devoir épargner de même cette fade connaissance à nos lecteurs.

Burdigala s'agrandit beaucoup sous le règne des Empereurs. De la domination des Romains elle passa sous celle des Visigoths, et de cette

VILLE DE BORDEAUX.

dernière, sous celle de Clovis, qui la réunit à la Monarchie.

Ravagée au 8e. siécle par les Sarrazins, elle fut ruinée au 9e. par les Normands. Elle éprouva, quelques siècles après, toutes les vicissitudes que devait nécessairement attirer sur ses murs, la longue lutte de l'Angleterre et de la France, pour l'héritage d'Éléonore de Guyenne. Prise et reprise alternativement par les Français et les Anglais, elle avait conservé pour ces derniers, une prédilection qui heureusement n'a pas été héréditaire, mais dont elle leur donna la preuve, en se révoltant en leur faveur, après s'être rendue, par capitulation, à Charles VII, en 1451. Elle en fut punie par une amende de cent mille marcs d'argent que lui imposa ce Prince, en lui ôtant tous ses priviléges, qu'il lui rendit ensuite.

Sous la minorité de Louis XIV, elle prit une part active aux troubles de la Régence; mais elle fit bientôt la paix avec la Cour, en recevant dans ses murs les troupes royales, et sa fidélité ne s'est jamais démentie depuis. L'Europe est témoin des preuves qu'elle en a données de nos jours, en ouvrant ses portes à S. A. R. le duc d'Angoulême, et fermant ainsi celles de la tyrannie usurpatrice qui pesait sur la France.

Bordeaux offre aux étrangers, à un très-haut degré, mais à un très-haut prix, toutes les ressources des plus grandes villes : cabinets littéraires, cafés brillans et bien tenus, bains publics, belles et bonnes auberges, etc.; sans compter les excellens dîners qui les attendent chez les personnes avec qui ils auront à faire.

La mer y fournit d'excellens rougets, et des sardines fraîches très-estimées, sous le nom de *Royan*, nom du port où on les pêche. Les huîtres de Maremme le disputent en délicatesse à celles de Cancale, et l'emportent même, au dire des connaisseurs les plus friands. Les moulles, sous les noms de *charrons*, y sont aussi bonnes qu'elles sont belles, ainsi que les aloses, les lamproies et les saumons qui remontent la Garonne.

La volaille de Saintonge, les chapons de Barbesieux, les dindes et pâtés aux truffes de Périgueux, les ortolans des Landes, enfin tous les hôtes les plus succulens des eaux, des champs et des bois, se disputent, sur les somptueuses tables du Chartron et du Chapeau-Rouge, le prix de la délicatesse et les éloges des appréciateurs.

« A une époque où la gastronomie doit être comptée au nombre des sciences exactes, dit plaisamment l'Ermite en voyage, la ville de Bordeaux doit en être citée comme la véritable terre classique. »

Ce n'est pas seulement sur les tables du Chartron et du Chapeau-Rouge que se manifeste, je ne dis pas la rivalité, mais l'émulation de ces deux quartiers; elle se montre aussi dans la toilette des dames; lorsqu'elles doivent se rencontrer à quelque bal, on peut compter sur des assauts de parure. La victoire est souvent balancée, et quand le Chartron obtient le prix de la richesse, le Chapeau-Rouge remporte celui de l'élégance. Les Bordelaises ne le cèdent en rien aux Parisiennes sous ce rapport, non plus que pour la grâce et la tournure. Elles l'emportent peut-être pour l'esprit et la vivacité, et peut-être aussi pour l'amour des plaisirs. Toutes ces qualités distinguent également toutes les classes, et les grisettes de Bordeaux, renommées pour leurs charmes, obtiennent aussi souvent la pomme, de nos Pâris modernes, que les beautés du haut parage.

On trouve dans cette ancienne capitale de la Gascogne, comme de la Guïenne, l'accent, même le patois, et même aussi un peu le ton gascon, mais à un degré bien inférieur à ce que nous offriront plus tard Auch, capitale de la Gascogne proprement dite, et Toulouse, capitale par excellence de tous les pays gascons, soit quant à l'accent et au patois, soit quant au ton et au caractère. Si l'accent gascon a quelquefois de l'agrément, surtout dans la bouche des femmes, et s'il plaît tant aux Parisiens, tout en les faisant rire, c'est celui de Bordeaux.

Le climat de cette ville est chaud, mais un peu pluvieux, son territoire est plat et sablonneux, mais excellent pour la vigne. C'est le commencement des sables des Landes, qui, aux approches de la Garonne, dégénèrent en gravier; et c'est ce gravier qui produit les meilleurs vins de Bordeaux, connus sous le nom de *Grave*.

Qu'on ne croie pas que ce sol maigre, s'il produit des vins secs, comme lui, produise aussi de maigres vignes; je n'en ai vu nulle part de plus vigoureuses, chaque cep est un petit arbre, à l'ombre duquel plusieurs personnes peuvent trouver un abri. Toutes les vignes de Médoc sont également sur le gravier; mais elles y viennent moins hautes; ce qui contribue à donner aux vins plus de qualité.

L'autre rive de la Garonne qui n'offre pas le même aspect, n'offre pas non plus le même sol : au lieu d'un terrain plat, c'est une côte peu élevée, mais escarpée, et au lieu d'un sol graveleux, un sol argilo-calcaire, quelquefois pierreux, mais toujours couvert ou de vignes ou de bois, qui forment un charmant rideau de verdure, en face et en perspective du port.

Parmi les nombreuses maisons de campagne qui embellissent les environs de Bordeaux, on ne cite que celle du juif Raba (Talance) qui ne mérite pas tant d'honneur. La plupart des connaisseurs ne la visitent que pour la critiquer, et ce n'est pas la peine.

Les amateurs se portent plus volontiers au château de la Brède, berceau de Montesquieu, où ils trouvent avec un site plus sauvage et plus frais, un château gothique moins beau sans doute, mais plus intéressant par le souvenir d'un grand homme, et par celui des beaux jours de la chevalerie, que rappellent toujours les donjons féodaux. (*V. route de Bordeaux à Bagnères.*)

Une excursion plus longue et plus hasardeuse à faire, est le voyage de la tour de Cordouan, le plus beau phare que possède la France, et le plus beau peut-être de l'Europe. Nous aurons occasion d'en reparler ailleurs, en décrivant le cours et les rives de la Gironde. (*V. route de Nantes à Bordeaux.*)

Fin de la ville de Bordeaux.

COMMUNICATION

DE PARIS A CHARTRES,

PAR DOURDAN,

Formant une 2e. route de Paris à cette ville.

22 lieues et demi.

Depuis Paris jusqu'à Berny. (*V.* 1re. *route de Paris à Bordeaux.*)

	lieues.
1 *Paragraphe*...........................	3
§ 2. *De Berny à Orsay*..................	3

On quitte la route d'Orléans une demi-lieue après Antony, bourg qu'on traverse à la suite et à très-peu de distance du hameau de Berny. La route qu'on prend à droite n'est ni aussi belle ni aussi large que celle qu'on quitte : c'est un pavé faiblement entretenu. Vers le tiers de la distance, on traverse le village de Massy, au milieu d'une plaine à blé assez fertile, et vers les deux tiers, dans un bassin des plus pittoresques, le bourg de Palaiseau, qui a un bureau de poste, et 15 à 1800 habitans. Le chemin qu'on croise, en y arrivant, mène de Longjumeau à Bièvres et à Versailles. Malgré sa proximité de Paris, et sa situation intéressante au milieu d'un groupe de collines, les unes escarpées et sans culture, les autres toutes verdoyantes de forêts, de vignobles et autres genres de végétation, ce bourg n'offre aucune maison de campagne remarquable. C'est la patrie du père Dotteville, traducteur de Salluste, et mort en 1807. Les amateurs de mélodrames ne passent point à Palaiseau, sans se rappeler *la célèbre Pie voleuse*, qui a fait couler tant de larmes sur nos boulevarts.

Le pays continue à être varié de surface, comme de culture, jusqu'à Orsay, village où l'on arrive, en longeant à gauche un beau château, ancienne propriété, d'abord du comte d'Orsay, ensuite du général Moreau, plus récemment du général Harilly, et propriété actuelle de M. Tantillon, marchand de papiers, à Paris.

On trouve à Orsay une assez bonne auberge à la poste, et l'on y traverse un chemin qui mène d'Arpajon à Versailles. Un autre chemin, dont l'embranchement est un peu plus loin, conduit d'Orsai à Chevreuse, petite ville qu'on laisse à 2 lieues sur la droite. Elle est peuplée de 17 à 1800 habitans, et a un bureau de poste. On ne voit plus que les décombres d'un fort, château qui la dominait, et qui a donné son nom à des seigneurs fréquemment et noblement mentionnés dans l'histoire, nom qui, d'après les étymologistes, lui viendrait à elle-même du grand nombre de chevreuils et de chèvres dont le pays était autrefois rempli. Le duc de Chevreuse actuel possède, à Dampierre, village situé une lieue plus loin, un des plus beaux châteaux de France, bâti par le cardinal de Lorraine, et embelli par Jules Hardouin Mansard. — *Parcouru depuis Paris*............. 6 lieues.

§ 3. *D'Orsay à Dourdan*............ 6

Vers le tiers de la distance, on trouve le village de Chaumasson, où finit la plaine, généralement riche, qu'on a parcourue jusque là. Il est situé au bord de cette plaine, et domine celle que nous allons suivre jusqu'à Chartres. Une belle rampe, construite en pente douce, bordée de trottoirs, et longue d'un quart de lieue, conduit de l'une à l'autre : ces jolis trottoirs m'ont rappelé ceux qui bordent les routes d'Angleterre, et que je voudrais voir border de même toutes les routes de France.

Au bas de cette rampe, on longe à gauche la très-petite ville de Limours, peuplée d'environ 500 habitans. Le magnifique château qu'y possédait madame la comtesse de Brionne, a été détruit par suite de la révolution. Une demi-lieue plus loin, on laisse en face la route qui mène en ligne droite à Chartres, pour suivre à gauche par un angle à peu près droit, celle qui mène à Dourdan. On rencontre, au bout d'une lieue, le village d'Angervilliers, et au bout de deux, celui de Saint-Cyr *en Hurepoix*. Le premier est remarquable par la jolie maison de campagne de M. de Grammont; le second est composé de plusieurs hameaux : le principal est Bandeville, dont le château appartient à M. James Pourtales, fils de l'un des plus riches et plus célèbres banquiers de l'Europe.

Dourdan est une petite ville d'environ 2800 habitans. Située dans la vallée riante et spacieuse de l'Orge, elle est voisine de la forêt qui porte son nom. Une église gothique, remarquable, tant par sa hauteur que par celle de son clocher, et un château plus gothique encore, bordé de larges fossés, bâti en forme de Bastille, composé d'une très-grosse tour, et de huit autres que séparent entre elles autant de courtines, sont les deux édifices par lesquels cette ville se recommande à l'attention des voyageurs. L'intérieur de l'église n'offre rien à la curiosité:

le château est à moitié rasé. On en fait remonter l'origine au 5ᶜ. siècle. Consacré, lors de mon dernier passage, en 1818, à la réclusion de 300 condamnés des deux sexes, il était devenu moins une maison de détention, qu'une maison de manufacture, par les soins de MM. Pradier, fabricant de bijoux en nacre, et Jonston fabricant de calicots, qui ont converti, chacun de son côté et chacun en son genre, ces 300 malfaiteurs en 300 manufacturiers. Cet établissement correctionnel doit être transféré à Poissy, où les suivra l'établissement industriel : nous en reparlerons quand nous serons arrivés à cette partie de notre *Itinéraire*.

Dourdan possède un bureau de poste et de jolies promenades, restes de l'ancien parc du château, appartenant à M. de Verteillac. Près de cette ville, au hameau de Grillon, est un beau château, avec un établissement considérable de filature et tissage de coton. Le château a été acheté, et l'établissement créé par le prince le Brun. Le célèbre la Bruyère est né dans un village voisin de Dourdan. Cette ville a une communication de 4 lieues de poste sur Etampes. — *Parcouru depuis Paris*. . . . . 4 lieues.

§ 4. *De Dourdan à Ablis.* 4

Revenant prendre la route directe de Chartres, à l'embranchement où nous l'avons quittée, nous trouvons, au bout d'une lieue, le village de Bonnelles, situé à mi-chemin du relais d'Orsay à celui d'Ablis, et très-propre à l'emplacement d'un relais intermédiaire, qui dispenserait les voyageurs en poste, lorsqu'ils n'ont rien à faire à Dourdan, de l'inutile détour de 2 lieues que leur fait parcourir cette direction pour se rendre à Chartres. On pourrait aussi placer le relais à Rochefort, ville située une lieue plus loin. Elle porte ce titre, comme Limours, avec une très-faible population, plus forte cependant de quelque chose ; 700 habitans au lieu de 500.

Le nom de cette petite ville lui vient du rocher escarpé qui la domine, et de l'ancienne forteresse dont les ruines s'y distinguent encore. Dans la ville même était un très-beau château moderne appartenant à M. de Rohan-Rochefort, qui en habite encore quelques restes bien conservés. Elle possède des filatures et tissages de coton. Le pays est presque entièrement couvert de bois.

Une lieue après la petite ville de Rochefort, on

trouve celle de Saint-Arnould, qui ressemble de même à un village. Elle renferme aussi un établissement de filature et de tissage de coton.

Au sortir de cette ville, on laisse à gauche l'embranchement de Dourdan, par lequel nous aurions regagné notre route, si, pour la bien connaître, nous n'avions préféré la regagner en revenant sur nos pas. Il forme un angle si considérable avec cette route, que les voyageurs ont peine à concevoir qu'une direction aussi détournée soit la route de poste.

Ablis est encore une petite ville de moins de 1000 habitans, elle n'a ni bureau de poste ni d'autre établissement que sa justice de paix. C'est un lieu tout agricole, et un simple village dans toute la force du terme. Le territoire en est fertile en grains de toute espèce, et produit de 6 à 7 pour 1 en froment. C'est le commencement des riches plaines de la Beauce. Un grand chemin établit la communication de ce relais avec celui de Rambouillet. — *Parcouru depuis Paris.* lieues. 16

D'Ablis à Chartres. 6½

Même plaine, sans ombrage et sans intérêt, mais non sans richesse; on y récolte beaucoup de blé. Au bout d'une demi-lieue on traverse la limite du département de Seine-et-Oise et d'Eure-et-Loir ; deux lieues plus loin, le village du Guédelongroi, peuplé de 500 habitans ; et vers le milieu de la distance, le hameau de St.-Chéron, où pourrait être placé un relais intermédiaire, pour partager en deux cette longue distance, si la route était plus fréquentée. On ne trouve plus aucun lieu, ni rien qui fixe l'attention depuis là jusqu'à Chartres. — *Parcouru depuis Paris jusqu'à Chartres, par la 2e. route.*   lieues. $22\frac{1}{2}$

COMMUNICATION
DE TOURS A CHATEAUROUX,
PAR LOCHES.

27 lieues.

---

	lieues.
§ 1er. *De Tours à Cormery*.	5
§ 2. *De Cormery à Loches*.	5

On suit la route de Bordeaux pendant la première lieue (*V. page* 157). Passé l'embranchement où on laisse cette route en face, pour prendre celle qui se présente à gauche, on ne rencontre aucun endroit ni objet remarquable, soit avant, soit après Cormery. Seulement on voit au bout d'un quart de lieue, à droite, le château de Labranchois, appartenant à M. Lecomte, riche particulier de Tours et ancien lieutenant des maréchaux de France, que nous avons déjà mentionné comme acquéreur de la maison de Grammont. La beauté de ce château, dont on traverse les bois pendant une demi-heure, répond à celle de son avenue, longue de 3 à 400 toises. Un quart de lieue plus loin, on laisse du même côté, à 150 toises de la route, le château du Portail. Le pays qu'on traverse est généralement plat et cultivé en blé, et la route ordinairement mal entretenue.

Cormery est une petite ville de 1000 habitans, qui a un bureau de poste, une assez jolie promenade, quelque commerce de grains, des marchés tous les jeudis, et une papeterie à une lieue de distance.

Loches est une ville bien plus considérable, divisée en deux parties qui forment deux villes distinctes, savoir : Loches proprement dit, où l'on compte 3500 habitans, et Beaulieu où l'on en compte 1500. Séparées par les divers bras et les prairies de l'Indre, elles sont réunies par un faubourg et une suite de ponts. Cette ville, siége d'une sous-préfecture et d'un tribunal civil, possède d'agréables promenades au nombre de trois, de médiocres auberges, des bains publics, des tanneries, des fabriques de grosses draperies et des corderies. Sa situation élevée en amphithéâtre au pied du château qui occupe le sommet de la colline, et sur la rive gauche de l'Indre qui arrose de beaux tapis de prairies et baigne de jolis coteaux de vigne, lui procure, avec un air pur, des points de vue gracieux. Mais ce qu'elle offre de plus intéressant et de plus curieux aux voyageurs, est son double château, bâti d'un côté pour l'habitation, de l'autre pour la défense : une promenade les réunit.

Le château de Loches, fortifié par les ducs

d'Anjou, passa aux rois de France par confiscation. C'était un de leurs boulevarts au temps des Anglais. Charles VII parvint à le conserver au milieu de l'invasion générale de la France. Louis XI le convertit en prison d'état, et y fit construire, dit-on, les fameuses cages de fer où fut enfermé le cardinal la Balue. Ce château est encore une maison de détention. Une de ses tours porte le nom d'Agnès Sorel, nom qui réveille de grands souvenirs : il rappelle la beauté, compagne de la gloire. Cette célèbre maîtresse de Charles VII, qui sut allumer le noble sentiment de l'honneur, avec celui de l'amour, dans le cœur de son royal amant, est née dans le village et le château de Fromenteau, près de Loches, d'un seigneur de ce nom, qui la fit élever avec soin : elle devint une des plus aimables et des plus belles personnes de son temps. Le Roi, ayant eu la curiosité de la voir, ne put s'empêcher de l'aimer ; elle-même, après avoir résisté long-temps, se rendit enfin à la vanité de gouverner un Prince, et peut-être de relever les destinées de la France. Elle fit un roi guerrier d'un roi fainéant, et un roi conquérant d'un roi détrôné. Elle a été enterrée dans l'église collégiale de Loches. Un préfet a pris soin de faire rétablir ce beau monument, qui avait disparu, sans être détruit dans la révolution : il est en marbre noir, et la statue d'Agnès Sorel, qui est au-dessus, en marbre blanc. Deux anges soutiennent l'oreiller sur lequel repose sa tête, et à ses pieds sont deux agneaux. Elle avait enrichi, par ses libéralités pendant sa vie, le chapitre dont elle décora l'église par son mausolée après sa mort : malgré cela les chanoines demandèrent à Louis XI la permission de faire ôter ce mausolée qui, disaient-ils, les incommodait pour la célébration de l'office divin. Ce prince le leur refusa, disant que s'ils voulaient s'en défaire, ils devaient aussi rendre les grandes richesses dont Agnès Sorel les avait gratifiés. Loches était sur la route de Paris à Bordeaux, avant que M. Le Voyer d'Argenson, aïeul de celui qui existe aujourd'hui, l'eût fait diriger par Tours.

A une lieue N.-E., la célèbre forêt de Loches est connue par ses futaies, les plus belles, dit-on, que possède la France. On l'exploite pour la mâture : elle a plus de 3 lieues de long, de l'E. à l'O., et plus d'une de large, du N. au S. Dans le milieu, est la Chartreuse du Liget, fondée par Henri II, comte d'Anjou, roi d'Angleterre. — *Parcouru depuis Tours*. . . . . 10 lieues.

§ 3. *De Loches à Châtillon-sur-Indre*. . . . . lieues. 6

Même nature de contrée, mais plus fertile; route meilleure, mais plus montueuse, toujours le long de la rive gauche de l'Indre. Vers le tiers de la distance, on laisse, à droite, le village et château de Verneuil, et un quart de lieue plus loin, une route qui mène à Preuilly, petite ville du même département, située à 5 lieues S., et peuplée de 1600 habitans, avec un bureau de poste. Vers les deux tiers de la même distance, on passe du département d'Indre-et-Loire dans celui de l'Indre, et de l'ancienne Touraine, dans l'ancien Berry. Un peu plus loin, on traverse le village de Fleray, et le ruisseau qui l'arrose, dont les débordemens interceptent quelquefois la route.

Châtillon est une ville de 2700 habitans, située sur une éminence que couronnent les ruines du vieux château gothique de M. Amelot, et sur la rive gauche de l'Indre, qu'on n'a cessé de cotoyer à plus ou moins de distance. Cette ville est entourée d'une jolie promenade. Le territoire est fertile en blé. Les prairies peu productives de l'Indre, qu'on a pris depuis quelque temps le parti de défricher, sont converties en champs, qui rendent de 12 à 15 pour 1 en froment. Les autres terres de la même contrée ne rendent pas au-delà de 5 pour 1. On laisse à Châtillon une route qui mène à Blois, par Saint-Aignan, ville de 2400 habitans, dépendant du département du Loir-et-Cher, dont Blois est le chef-lieu. — *Parcouru depuis Tours.* 16 lieues.

§ 4. *De Châtillon à Busançois.* 6

Beau bassin de prairies dans le vallon de l'Indre, qu'on longe à gauche. Cette rivière y serpente avec lenteur à travers les gazons, et quelquefois à travers les marais; le pays est garni de beaux noyers et de treillages. Vers le tiers de la distance, la route traverse le village de Clion, et vers les 2 tiers, elle laisse, à 1 quart de lieue sur la gauche, la petite ville de Palluau, occupant le haut d'une colline en dos d'âne, dont le point culminant est couronné par un vieux château d'un aspect pittoresque. La population de cette ville est de 1000 à 1200 habitans.

Le pays perd quelque chose de sa beauté et de sa fertilité à mesure qu'on avance : le froment ne rend plus que le terme moyen de 4 pour 1. La route tracée en ligne droite, est montueuse comme la contrée. La petite ville de Busançois,

peuplée de 3800 habitans, compris sa banlieue, est mal bâtie et mal percée, mais assez agréablement située sur la rive droite de l'Indre, dont on traverse les divers bras sur cinq ponts. Elle possède un beau moulin à eau, et un château qui se présente avantageusement en face de la route, mais qui n'a cependant rien de remarquable, si ce n'est sa grande et belle cour. Cette ville fait le commerce des laines. Elle a un bureau de poste, et une route sur Palluau, par la rive droite de l'Indre. C'est la même rive que nous allons continuer à longer, depuis Busançois jusqu'à Châteauroux, après avoir longé la rive gauche depuis Tours jusqu'à Busançois. lieues.
— *Parcouru depuis Tours*. 22

§ 6. *De Busançois à Châteauroux*. 5

La pierre calcaire prend peu à peu, dans les champs, la place de la terre, qui finit par devenir plus rare que la pierre même. Au tiers de la distance, on voit, à 1 quart de lieue sur la droite, un château de forme gothique : c'est celui de Chamousseux. Vers le milieu de la distance, on traverse le village de la Villedieu, et le ruisseau de la Tragonie, près de son embouchure dans l'Indre. Sur les bords de ce ruisseau, s'élève le château du village. C'est un joli donjon carré et flanqué de tours rondes; on le longe à gauche. Les eaux et la verdure qui l'entourent font un effet d'autant plus heureux, qu'on ne voit en-deçà, et encore moins au-delà, qu'aridité et nudité. C'est surtout après Villedieu, que le sol devient maigre et rocailleux : ce n'est plus un terrain, mais un détritus calcaire. Le pays est généralement plat, et n'offre d'autre variété que quelques vignes maigres comme le sol. — *Parcouru depuis Tours jusqu'à Châteauroux.* . . . . 27 lieues.

COMMUNICATION
D'ANGOULÊME A LIMOGES,
24 lieues.

———

§ 1ᵉʳ. *D'Angoulême à la Rochefoucault*. . . . lieues. 5

UNE lieue de plaine, toujours calcaire, conduit à Ruelle, village de 1000 habitans, renommé par sa fonderie de canons, l'un des plus beaux établissemens de ce genre qui existent en France. La route franchit, sur un pont très-étroit et fort long, à une petite lieue au-dessous de sa source, la rivière de la Touvre, que nous avons déjà passée tout près de son embouchure en arrivant à Angoulême. Un chemin vicinal, destiné pour le service des forges, conduit à cette curieuse source, connue sous le nom de gouffre de la Touvre.

Ce gouffre est au pied d'un roc calcaire et très-escarpé, en forme de fer à cheval, à peu près comme ceux qui dominent les sources de l'Orbe en Suisse, de la Louve en Franche-Comté, de la Sorgue à Vaucluse. Au sommet aride du rocher de la Touvre, s'élèvent, encombrées de ronces, et suspendues au-dessus du gouffre, d'une manière effrayante, les ruines du château de Ravaillac. Les habitans veulent qu'il ait appartenu au trop fameux régicide dont il porte le nom, et les géographes aux anciens comtes d'Angoulême, qui ne purent empêcher les Anglais de le prendre et de le détruire. La Touvre forme de suite une rivière très-forte et très-profonde; elle serait navigable sans les rochers, les joncs et les plantes aquatiques dont son cours, d'environ 2 lieues, est embarrassé. Le gouffre et la rivière recèlent des truites, des anguilles et des écrevisses renommées. Les anciens seigneurs, propriétaires du château, y avaient transporté beaucoup de cygnes, qui s'y sont long-temps conservés et reproduits, ce qui avait donné lieu au proverbe: couverte de cygnes, bordée d'écrevisses, lardée d'anguilles, pavée de truites. La truite habite surtout le gouffre, où l'on a beaucoup de peine à la pêcher, à cause de la profondeur, qu'on n'a jamais pu sonder, s'il fallait en croire les habitans du pays, persuadés d'après cela que ce gouffre n'a pas de fond: aussi l'ont-ils nommé le *gouffre sans fond*.

Il faut revenir sur nos pas jusqu'à Ruelle pour continuer notre route, en traversant la Touvre sur le pont de ce village, après lequel on s'enfonce dans un petit vallon, d'où l'on regagne la plaine. Elle est ici très-inculte et très-maigre:

le roc s'y montre à nu, le pays devient ensuite montueux. Vers les trois quarts de la distance, la route pénètre dans la forêt de la Braconne, dont le trajet est d'environ une lieue, et dont le maigre sol produit la truffe. Immédiatement après, elle franchit, sur un très-joli pont, la très-petite rivière de la Bandiat, qui se perd en cet endroit pour ne plus reparaître. Je la cherchais vainement dans son lit, je n'y distinguais qu'un imperceptible filet d'eau. Elle tarit de même, tous les étés, et couvre, tous les hivers, les prairies qui la bordent; ainsi elles les inonde dans une saison, sans les arroser dans l'autre; elle s'engouffre encore dans divers autres parties de son cours, d'environ 25 lieues, depuis sa perte définitive jusqu'à sa source, près de laquelle elle fait mouvoir des moulins et, quelques lieues plus bas, les forges de Nontron, petite ville de 2400 habitans, chef-lieu d'une des sous-préfectures de la Dordogne.

La Tardoire, qu'on passe à la Rochefoucault, éprouve les mêmes accidens que la Bandiat, et par les mêmes causes, les engouffremens qui absorbent les eaux, peut-être aussi la nature poreuse des bancs calcaires à travers lesquels elles s'infiltrent.

Cet engouffrement de deux rivières explique

peut-être l'étonnante source de la Touvre, qui n'est sans doute que le débouché des réservoirs souterrains où elles se réunissent. Elles se réunissent aussi extérieurement, ou plutôt leurs deux lits, vides en été et pleins en hiver. Ce confluent est un peu au-dessus du pont d'Agrès. D'autres rivières de cette contrée s'engloutissent de même dans la terre. Celle de Taponat, d'abord assez abondante, se perd totalement dans des gouffres, et ne reparaît plus. Les habitans désireraient qu'on employât quelques moyens pour empêcher ces rivières de se perdre ainsi, ce qui prive certaines contrées de l'eau nécessaire pour la boisson. L'unique moyen serait de les paver, en employant un ciment imperméable.

La Rochefoucault est une petite ville de 2600 habitans, qui consiste en une seule rue, dominée par le château gothique des illustres seigneurs de ce nom. Une hauteur imposante, quatre grosses tours rondes à comble pyramidaux, dominées par une tour carrée d'une ancienneté plus respectable, un bel escalier en spirale et un ancien parc servant de promenade publique, tel est aujourd'hui le château de la Rochefoucault, consacré, lors de mon dernier passage en 1812, à une école secondaire.

C'est dans ce château qu'est né le célèbre auteur des Maximes.

Le commerce de cette ville consiste dans la fabrication et le blanchissage des fils et des toiles communes.

lieues.

§ 2. *De la Rochefoucault à la Péruse.* 6

Au bout d'une lieue on traverse le petit village de Taponat, ainsi que la petite rivière de ce nom, dont la perte s'opère à quelques lieues au-dessus; et une lieue et demie plus loin, le bourg de Chasseneuil, dont on laisse le château à deux portées de fusil sur la gauche. Il est peuplé de 1800 habitans, et porte le titre de ville dans certains géographes. La route qu'on laisse en face, en tournant à droite, au sortir de ce bourg, n'est achevée que jusqu'au village de Saint-Cloaud, situé à 2 lieues N.; mais elle est projetée jusqu'à Confolens, petite ville de 2000 habitans, située sur la Vienne, à 5 lieues plus loin vers le N.-E., et siége d'une des sous-préfectures de la Charente.

Point de lieu ni d'objet remarquable depuis Chasseneuil jusqu'à la Péruse, village peu considérable lui-même. On traverse la Charente au hameau de Pont-Cigoulant; ce n'est ici qu'un faible ruisseau qui tarit en été. — *Parcouru depuis Angoulême.*............... 11

§ 3. *De la Péruse à Saint-Junien.* 6

Même nature de pays calcaire : il est légèrement montueux, et il devient schisteux sans qu'on aperçoive le passage des terres secondaires aux terres primitives.

Rien de remarquable de là jusqu'à Chabanais, très-vieille et très-petite ville de 1000 habitans. Elle a un bureau de poste, et avait jadis un relais. Traversée, de l'Ouest à l'Est, par la route que nous suivons, elle l'est du Nord au Sud par la Vienne, qu'on y franchit sur un pont vieux comme la ville. Il offre un tableau pittoresque et varié, dans lequel on admire à la fois, la limpidité de la rivière, la vieille chaussée qui la retient au-dessous de ce pont, la belle nappe qu'elle étend sur la droite, les rochers qui l'encombrent à gauche, des îlots, des bouquets d'arbres, quelques tapis de gazons, enfin le vieux château gothique et en partie ruiné de Colbert, qui s'élève sur une des rives, et dont le nom rappelle le plus grand ministre du plus grand de nos rois.

Chabanais est la patrie de La Quintinie, célèbre agronome du 17e. siècle, surtout pour la culture des jardins et la taille des arbres. Le pays est frais et couvert, et la verdure un peu sauvage : plus de prés et de bois que de champs : point de vignes ni de vergers.

On remarque un granit à grain fin dans cette partie de la distance. La route remonte la rive droite de la Vienne, en la cotoyant d'abord de très-près, au sortir de Chabanais, pour s'en éloigner ensuite de plus d'une lieue, et s'en rapprocher de nouveau à l'entrée du département de la Haute-Vienne. On ne s'en écarte plus, depuis cette limite jusqu'à Saint-Junien, ville d'environ 4000 habitans, non compris *l'extra muros*. Aussi vieille que mal bâtie, elle n'a rien d'agréable qu'une allée d'ormeaux, récemment plantée autour de la ville, et rien de remarquable que l'église collégiale de son ancien chapitre, devenue aujourd'hui église paroissiale. La Vienne baigne l'extrémité du faubourg Notre-Dame. On la passe sur un vieux pont dont l'entrée est resserrée par une chapelle de Notre-Dame, que la piété publique ne permet pas de déplacer. Elle attire au 15 août un concours immense de fidèles.

Saint-Junien est une des plus industrieuses villes du département de la Haute-Vienne : son commerce assez considérable est favorisé par ses foires du 20 de chaque mois. Il consiste dans la ganterie, la chapellerie, les étoffes de laine appelées serges, et dans les produits de son territoire, qui sont le chanvre, le lin et le vin. On y cultive aussi le colza : le sol est fertile en toute sorte de grains. Il rend en froment 10 à 12 pour 1 dans la banlieue, 7 à 8 dans les environs.

A 2 lieues S.-O. de Saint-Junien est la petite ville de Rochechouart, peuplée de 15 à 1600 habitans. C'est le siége d'une des sous-préfectures de la Vienne. Les Anglais ne purent jamais s'en rendre maîtres sous Charles V. Le château qui s'élève sur le rocher (*rupes Cavardi*), dont la ville a pris son nom, devenu depuis celui d'une des plus illustres familles de France, a été possédé par Mme. de Pompadour, et après elle, par ses héritiers.—*Parcouru depuis Paris*. . . . lieues. 17.

§ 4. *De Saint-Junien à Limoges*. . . . . . . 7.

Le pays, toujours schisteux et graniteux, est moins couvert après qu'avant Saint-Junien; mais il reprend sa verdure après le village de la Barre, ancien lieu de relais. De maigres châtaigneraies, de chétives prairies et quelques champs clairsemés, sont les terres productives le plus en rapport, et la fougère, la plante spontanée la plus commune dans cette infertile contrée, qui s'améliore aux approches de Limoges. (*V. pour cette ville et son territoire, la route de Paris à Toulouse*).—*Parcouru d'Angoulême à Limoges.* lieues. 24

Une remarque à faire sur cette route, avant de la quitter, c'est que l'idiome méridional, inconnu à Angoulême, commence à la Rochefoucault, ainsi que l'accent, qui va en augmentant jusqu'à Limoges, ville bien plus septentrionale; ainsi l'accent du midi s'avance plus vers le nord dans la partie centrale que dans la partie occidentale de la France.

Cette première remarque nous conduit à une autre : c'est que les peuples qui ont introduit et cet accent et cet idiome dans les Gaules, ont sans doute pénétré plus avant dans une partie que dans l'autre, peut-être parce qu'ils auront éprouvé moins de résistance au centre qu'auprès des côtes, où ils ont dû trouver des peuples aguerris par l'habitude de se défendre contre les descentes et les invasions. La démarcation des idiomes me paraît indiquer jusqu'à un certain point celle des anciens peuples.

N. B. Nous donnerons, suivant notre usage, l'aperçu des départemens que nous venons de traverser, dans les volumes où nous finirons de les parcourir.

FIN.

TABLE

DES CHAPITRES

CONTENUS DANS CE VOLUME.

	page
Première route de Paris à Tours, par Orléans et Blois.	1
Deuxième route de Paris à Tours, par Versailles et Chartres.	75
Première route de Paris à Bordeaux, par Tours et Poitiers.	157
Deuxième route de Paris à Bordeaux, par Orléans et Limoges.	207
Ville de Bordeaux.	237
Communication de Paris à Chartres, par Dourdan.	284
Communication de Tours à Châteauroux, par Loches.	292
Communication d'Angoulême à Limoges, par la Rochefoucault.	300

FIN DE LA TABLE DES CHAPITRES.

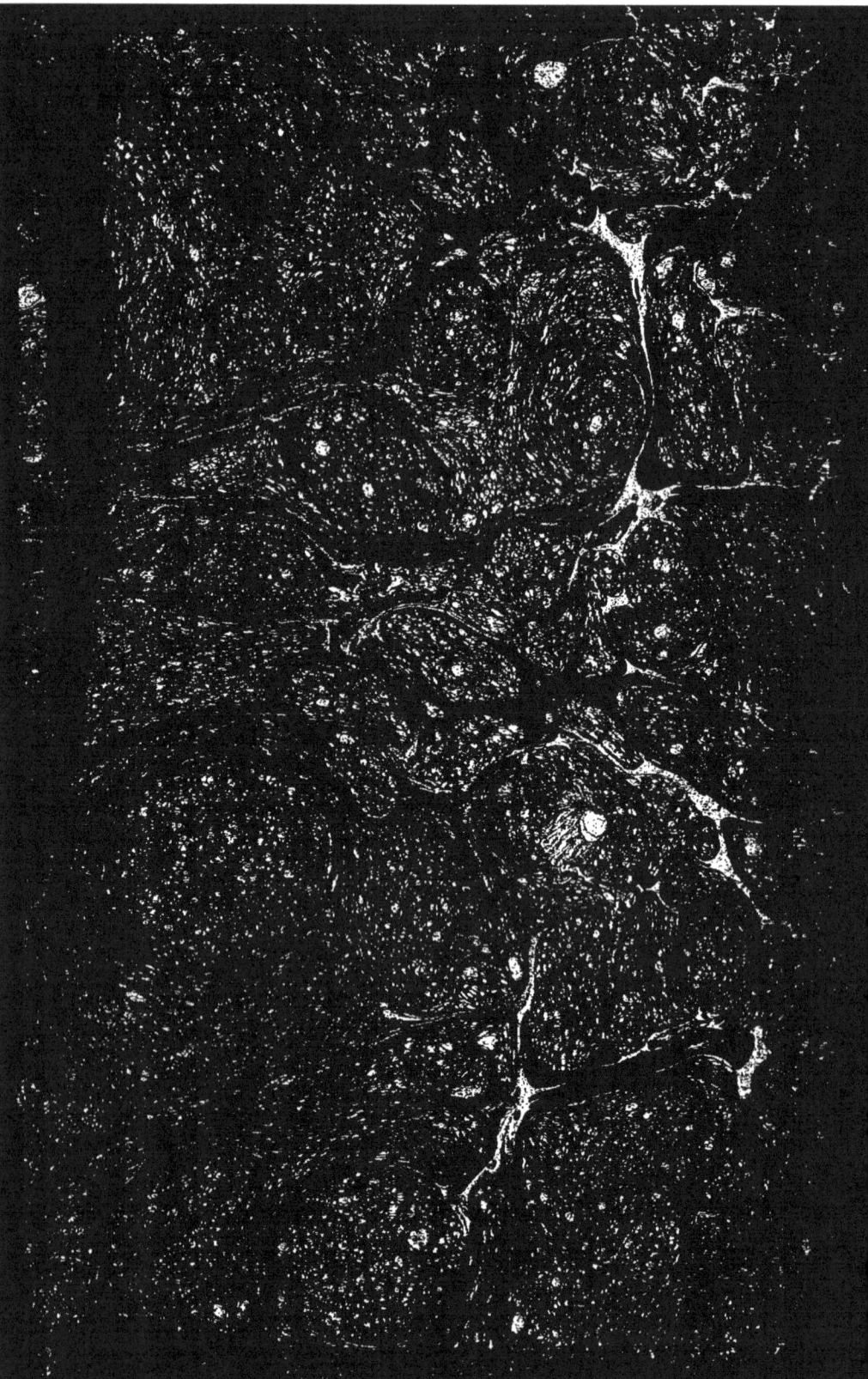

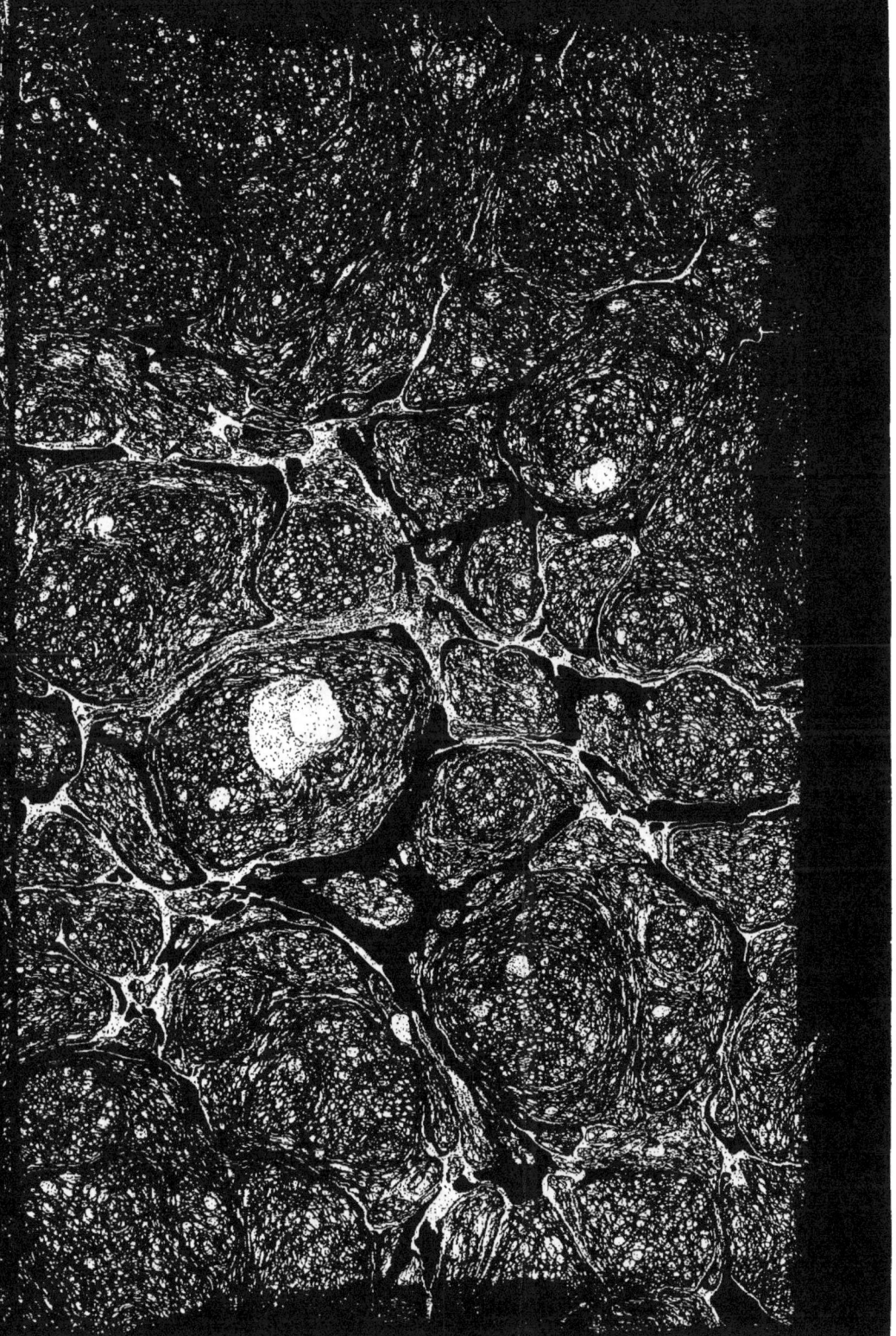

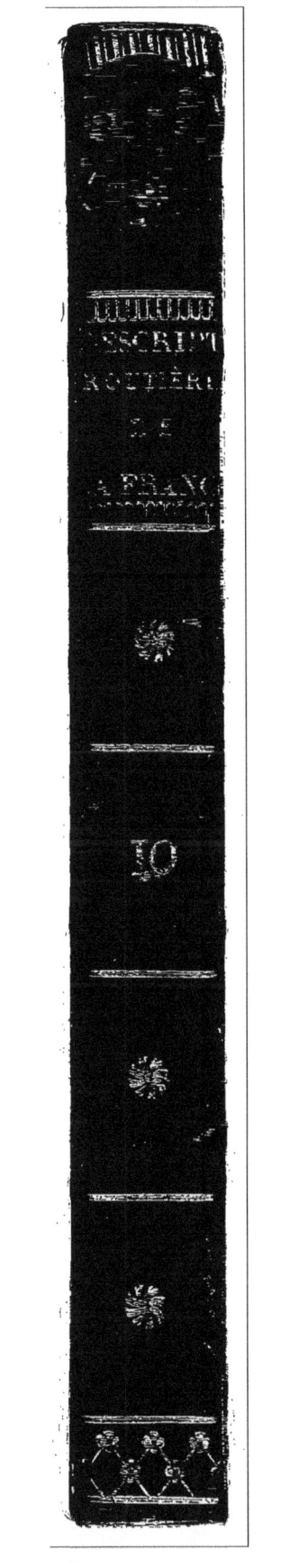

www.ingramcontent.com/pod-product-compliance
Lightning Source LLC
Chambersburg PA
CBHW070626160426
43194CB00009B/1377